柳田國男の教育構想

国語教育・社会科教育への情熱

関口敏美

塙選書
114

目次

序にかえて……一
第一章　教育への関心――なぜ「教育」に関心を持ったのか――……九
はじめに……一〇
1　農政学期における課題意識（一九〇〇～一〇）……一一
2　「郷土研究」期における課題意識（一九一〇～三〇）……二〇
3　一九三〇年以前の教育観の形成……三三
4　前代教育への注目とその視角……四四
5　前代教育から何を学ぼうとしたのか……五三
6　教育の習俗研究の意味……七六
おわりに……八三

第二章　国語教育の構想――「考へる言葉」を育てる国語教育――……八五
はじめに……八六
1　ことばへの関心……八八
2　前代国語教育への課題意識……九三
3　学校国語教育の問題点と改革の方向……一〇一
4　一九三〇年代の国語史研究……一一三
5　国語史研究と国語教育構想との関係……一二三
6　戦後の国語教育論……一二九
おわりに……一四七
第三章　社会科教育の構想――「史心」を育てる社会科教育――……一四九
はじめに……一五〇
1　社会科への関わり……一五三
2　柳田社会科の形成……一五五

3　社会科教育の目的と方法……一六七
4　教科書『日本の社会』……一八〇
5　子どものための歴史教育構想……一九九
おわりに……二一三
初出一覧……二二四
むすびにかえて……二二五
参考文献……二二八

本書では、『定本　柳田國男集』（筑摩書房）を参照・引用しているが、読者の読みやすさを考慮して、以下の点について表記の仕方を改めた。

①原文では、促音は「つ」と表記されているが、本書では、読みやすさを考えて「っ」と表記した。
②原文に使われている漢字は、新字体にない漢字は旧字体のままとし、それ以外は旧字体を新字体に置き換えた。
③原文は、書かれた時期によって送りがなが旧かな遣いのものと一部が旧かな遣いのものとがある。本書では、なるべく原文に合わせた表記をしている。

序にかえて

本書の目的と課題意識

本書の目的は、柳田國男（一八七五～一九六二）の教育構想を彼の学問の展開過程と関連づけて検討し、明らかにすることである。私は、そのような学問の展開を方向づけたものが国民の主体形成＝教育への課題意識だったのではないかと考えている。柳田は、農政学から民俗学へと自らの学問を展開させてゆき、自らの学問を通して主体性の基盤をなすことば・歴史・文化に根ざした、「接《つ》ぎ木《き》」や「借り物」ではない教育・学問を構想していた。これは、近代以降の日本における教育・学問に対する問題提起である。

すなわち、学校が教えることば（国語としての標準語）・歴史（国史としての皇国史）・宗教（国家神道）に対して、民俗における生活語としての方言・郷土の生活史・民間信仰を対峙させ、義務教育である小学校教育の有用性を問い直そうとした。このため、歴史教育や国語教育に強い関心を寄せ、戦後に至ると、歴史的な思考力・判断力と主体的な国語能力を具《そな》えた自立した人間の育成を主張して、国語科と社会科の教科書編纂にまで携わっている。

このような教育への関わりは、民俗学者柳田の「余技」などではなく、国民の主体形成＝教育の問題が彼自身の学問の中心的な課題に据え置かれたことを明示するものである。従来、さまざまな学問領域から多彩な関心に基づく柳田研究が行われてきたが、学問を展開させてきた原動力の一つに教育への関心があったことは意外と知られていないように思われる。すなわち、多くの研究が柳田の学問それ自体が持つ教育的な意味や教育的な性格に十分な注意を払ってこなかったのである。

柳田といえば民俗学者であるということが自明の前提とされており、「民俗学とは何か」ということがほとんど問われてこなかった。しかし彼の学問の展開と切り離して教育観や教育に対する課題意識を抽出することはできない。柳田の学問や思想を教育学の立場から問題にする以上は、民俗学に至る柳田の学問の展開過程や課題意識を明らかにして、民俗学に含まれている教育観や柳田自身の認識がどうであったかをみておかなければならない。

柳田は、農政学期には労力改良の手段として教育をとらえていたが、一九一〇年代にはじまる「郷土研究」の時期を経て、青年の主体形成に対する関心を深化させ、生活者の需要に即した教育、実際に役立つ教育に一貫して注目してきた。特に一九三〇年代以降は、教育の習俗研究を通じて「一人前」という概念への着眼を発展させ、義務教育で育成すべき「一人前」の能力を問うなど、すべての国民に関わる問題として、義務教育への疑問を表明するようになる。

こうして農政学から民俗学に至る学問の展開過程を通して、教育への視座を形成し、さらに教育への関心を深化させたことが、学問それ自体の進展にも影響を及ぼし、教育そのものが自己の学問における中心的な課題として位置づけられてくるのである。

柳田は、「教育の実際化」を民俗学の課題として掲げ、義務教育の条件を問うために教育の習俗研究を行い、国語改良・国語教育改革の指針を得るために方言研究・国語史研究を行い、普通教育の効果測定法を模索するなど、彼自身の学問の展開と教育への関心とは深く結びついていた。この場合、「教育の実際化」とは、当時強調された「教材の郷土化」や「教育の生活化」のような形で、単に学校教育を実用化すればよいというものではなく、国民自身が現実の社会問題を解決して「国民総体の幸福」を実現するために必要な力量を獲得してゆくことまでを意味していたのである。

本書の構成

そこで、本書では、第一章「教育への関心――なぜ『教育』に関心を持ったのか――」で、柳田が積極的に教育に対して発言を行いはじめる一九三〇年頃に至る時期を対象として、なぜ彼が教育に関心を持ち、自らの学問として教育の問題に関わろうとしたのかを明らかにする。そして第二章と第三章で一九三〇年代以降に展開される国語教育と歴史教育・社会科教育の構想を取り上げる。

第二章「国語教育の構想――『考へる言葉』を育てる国語教育――」では、一九三〇年代以降の国語史研究と関連づけて国語教育構想を整理し、柳田の国語教育構想が戦後の国語教育論にも連続していることを指摘する。第三章「社会科教育の構想――『史心』を育てる社会科教育――」では、戦後の社会科教育構想に注目し、当初は歴史教育改造案として提案されていた主張が、社会科教育との関わりを深めるにつれて社会科教育構想として形成されていくことを明らかにする。

なお本書は、第一章から順に読まなくても内容を理解できるように書いたつもりである。読者の関心に応じて、第二章からでも、第三章からでも、自由に読みはじめていただいてかまわない。

最後に、柳田國男がどのような人物であったのかを簡単に説明するために、以下に略歴をあげておく。

柳田國男の略歴

柳田國男（一八七五～一九六二）は、一九〇〇年に農商務省農務局に入り、産業組合の啓蒙普及活動にあたった。当時は、東京帝国大学大学院に在籍し（〜一九〇五）、専修・早稲田・中央等の私立大学へ出講していた。一九〇二年に内閣法制局に移るが、全国農事会嘱託幹事・農商務省嘱託・報徳会評議員・大日本農会農芸委員として農政に関与していた。この間、視察旅行を通じて地方の文化や民俗、歴史の重要性に気づき、翻訳的な「中央学問」に疑問を持つことになった。一九一〇年頃より『後狩詞記《のちのかりことばのき》』（一九〇九）や『遠野物語』（一九一〇）等、民俗学的な研究へと向かい、経済と信仰という視点から農村生活や農民の信仰を解明しようとした。

一九一三年には、高木敏雄や南方熊楠らと雑誌『郷土研究』を創刊し（〜一九一七休刊）、青年の主体形成と新しい学問（＝農村生活誌）の創出をめざしていた。柳田は、一九一九年に貴族院書記官長（一九一四〜一九）を辞職し、朝日新聞社に入社する。新渡戸稲造の推挽《すいばん》により、一九二一年から二三年まで国際連盟委任統治委員会委員として委任統治領の教育問題を担当し、主体形成におけることばと文化の重要性に注目した。ここで、後の児童語彙研究・新語研究・教育の習俗研究への関心が形成された。一九二三年、関東大震災の報に帰国後、国際連盟委任統治委員会委員を辞任する。

一九二四年より朝日新聞論説委員のかたわら、自宅で民俗学の談話会を主宰し、慶応・早稲田大学等で講義を行う。また地方へ講演に出向いて歴史を知ることの意義を強調し、一般向け読み物を通して社会問題への関心を喚起するなど、広義の歴史教育としても「郷土研究」を提唱して、啓蒙と普及に努めている。一九三〇年代を通じて、柳田は、①国民総体の幸福の実現に不可欠の知識を提供する学問（＝日本民俗学）の形成と、②国民の主体形成のために必要な教育の構想を展開する。

第一に、一九二〇年代以降の「郷土研究」論を講習会や研究会で「郷土研究」の方法論として整備する作業を進めている。一九三四年には、組織的計画的な調査を開始し、自宅書斎を郷土生活研究所として開放する。一九三五年、還暦を記念して開催された日本民俗学講習会の参加者らにより、日本民俗学の研究団体である「民間伝承の会」が発足する。機関誌『民間伝承』が発刊され、民俗学研究者の全国的な情報交換・共同研究の場が形成される。柳田は、女性に対しても参加を呼びかけ、生活史・女性史を解明する必要を強調している。一九四一年、「日本民俗学の建設と普及の功」により、朝日文化賞を受賞する。

第二に、前代教育によって学校教育をとらえ直し、「教育の実際化」をめざす歴史教育構想・国語教育構想を主張している。すなわち、教育の習俗研究を通じて、学校がなかった時代の教育慣行や教育観念を解明した。国語教育については、国語史研究や前代国語教育研究から学校国語教育の問題点を指摘し、教育改革の方向を提示する。歴史教育については、従来の歴史研究や歴史教育を批判的にとらえ、**「史心」**の養成を行って、歴史を手がかりに実生活から生じた問題を考え判断すべきだと主張する。

一九四〇年代に入ると、国語教育構想は、国語改良の問題としても論じられ、**「考へる言葉」**を各自に培い、将来の国語改良に参加できる力量を養うことが主張された。歴史教育構想では、子どもの時期から**「史心」**の養成を行うべきことを強調するようになり、子ども向けの読み物を執筆する。また一九二〇年代後半以降取り組んできた家族研究・信仰研究によって、社会改造や生活改善に必要な知識を提供しようとした。

戦後は、信仰研究のほか、国語教育・歴史教育の改革と新設された社会科教育の実施に強い関心を寄せた。一九四七年、文部省社会科教育研究会委員となり、民俗学研究所設立（一九四八法人化）の理由の一つには社会科教育への協力があげられている。一九四八年、東京書籍の国語科検定教科書の監修を受諾する（～一九六〇）。一九四九年、国立国語研究所評議員。学士院会員。「民間伝承の会」を日本民俗学会と改称。この頃成城学園初等学校社会科部員と社会科教育の研究会を行う（～一九五一）。その成果を後に柳田社会科教科書として刊行する。一九五〇年國學院大学教授（理論神道学講座担当～一九六〇）。一九五一年文化勲章受章。一九五五年民俗学研究所の解散を決意（正式解散一九五七）。一九五七年学士院賞受賞。

一九六二年死去。

第一章　教育への関心

——なぜ「教育」に関心を持ったのか——

はじめに

この章では、もともと農政官僚だった柳田國男が、なぜ教育に関心を持つようになったのかということを彼の学問の展開過程に関わらせて明らかにする。そして教育への関わりの転換期である一九三〇年以前の教育観の形成過程を概観し、学校がなかった時代の教育（＝前代教育）への注目が彼の教育観を深化させ、一九三〇年代以降の歴史教育や国語教育に関する教育論へとつながっていくことを解明したい。

柳田の学問は、農政学から民俗学へと展開していくが、そこには、「国民総体の幸福」の増進という一貫した課題意識があった。柳田は、はじめは、農政官僚として産業組合法など政策による救済を通して国民を幸福にする学問＝農政学をめざしていたが、しだいに、国民の手による社会改造・生活改善を通して国民が幸福になる学問＝民俗学をめざすことになるのである。

後に柳田は、日本民俗学の根本問題として、「何故に農民は貧なりや」という貧困問題を掲げており、この意味で、民俗学には農政学以来の課題意識の展開があったと考えられる。

先行研究では、『遠野物語』が出版された一九一〇年を柳田の学問形成の転換期とみなすことが定説になっており、農政学から民俗学への移行をどのようにとらえるかによって、評価が分かれている。

全般に、思想史・経済学分野からの先行研究では、民俗学への移行をあまり積極的にはとらえていないが、私は、一九〇八年前後の時期に柳田が教育の問題に関心を持ったことが、その後の学問の展開を方向づけるきっかけになったのではないかと考えている。柳田は、産業組合の啓蒙普及活動に携わりながら、産業組合がなかなか受け入れられない現実に直面し、なぜ産業組合が根づかないのかと考えた時、社会組織の改造と共にその担い手の育成が必要であることに思い至ったのではないだろうか。

1　農政学期における課題意識（一九〇〇～一〇）

『時代ト農政』以前

柳田によれば、「農政」は、農民が過半数を占める時代には「民政」とほぼ同義で、国民の幸福に直接影響を及ぼすものであった。彼の学問の原点は、大学の卒業研究である三倉《さんそう》の研究（飢饉の時の救済策）であり、農民を貧困から救済することが学問の課題意識の根底にある。三倉の研究を通じて、柳田は、住民が自治的に管理運営していく相互扶助の機関を構想し、相互協力によって「自助」「自力救済」の道を開く「組合」に期待した。

一九〇〇年代に書かれた農政学の講義録では、産業組合の社会改良的側面や倫理道徳養成の効用に注目し、貧困を撲滅することが幸福の増進につながるとして分配政策を重視し、分配の不平等・不公平が「社会百般の病害」の原因であると考えていた。

その際、現在の国民だけが国民なのではないと述べて、「死シ去リタル我々ノ祖先」（過去の国民）や「将来生レ出ツヘキ我々ノ子孫」（未来の国民）の希望利害も考慮するべきだと主張した。ここには、柳田の歴史観が提示されている。すなわち現在に生きる者は、歴史を作るという意味で未来の人々に対して責任を負うが、不幸の原因は、過去における不適切な選択・誤った判断の結果であるから、可能な限り的確な判断をくだす責任があるということになる。

また当時の日本の学問が西欧の受け売り学問であることを批判的にとらえ、「国情の差異」を強調して、日本の「特別ノ沿革」をふまえた政策をたてるべきことを主張している。『農業政策学』（一九〇二）では、日本の農政の出発点として日本の農民の成り立ちを知らねばならないと述べて、「百姓」の歴史や土地所有の歴史を提示した。そして外来のものを形式的に移植するのではなく、在来のものを発展させる立場から政策を考えようとしていた。

このように、柳田は、学問の実用を重視する立場から日本の現実に即した学問として農政学をとらえ、農政問題を真の解決に導くためには、日本の現実から出発しなければならないと強調したのである。この課題意識は、一九一〇年以降展開される「郷土研究」にも継承されていく。

『時代ト農政』

『時代ト農政』が刊行された一九一〇年以降、農政学に関する論文は減少している。この意味で『時代ト農政』は、柳田が当時の農政・農政学に対して問題提起を行ったものであるといえる。『時代ト農政』の内容構成を以下に示しておく。

・「開白」
・「農業経済と村是」（一九〇九年七月）第一回地方改良事業講習会講演
・「田舎対都会の問題」（一九〇六年九月）大日本農会第百四回小集会講演
・「町の経済的使命」（一九〇九年二月）統計協会講演
・「日本に於ける産業組合の思想」（一九〇七年五月）第二回産業組合講習会講演
・「報徳社と信用組合との比較」（一九〇六年一月）報徳会講演
・「小作農米納の慣行」（一九〇七年一月）愛知県農会講演

巻頭論文「農業経済と村是」（一九〇九）で柳田は「今日の時節に必要なのは、西洋の農業経済学の普及では無く、日本の農業経済学の開発である」と述べる。ここには、当時の翻訳的な農政とそれが依拠する受け売り学問に対する批判意識が存在する。柳田が一九一〇年以降自らの学問の方向を変えていくのは、「日本の農業経済学の開発」のためでもあったのである。

また、『時代ト農政』に収録された論文のうち、一九〇九年以前のものと一九〇九年以後とでは、質的な違いがみられる。柳田は、一九〇九年を境に、上からの画一的な近代化に代わって、地域の実情に即した下からの改革を主張している。そこで、『時代ト農政』における論文の質的な変化について、三点指摘しておきたい。

第一に、一九〇九年以前の論文では、農民離村、産業組合、小作制度などの問題が農政学の枠内で個別に取り上げられていたが、一九〇九年の論文では、それらの問題が地域計画や町村是など地方行政に関わる課題の中でとらえられている。第二に、一九〇九年以前は、日本の組合思想の歴史や、日本の小作制度の歴史というように、日本の歴史がとらえられていたが、一九〇九年の論文では、さらに特定の地域という観点から具体的に歴史をとらえようとしている。第三に、農村をとらえる視野が、一九〇九年以前は主に経済的な問題に限定されていたのに比べ、一九〇九年の論文では生活全般にわたっている。

特に、一九〇九年以降は、当時の総括論的な地方観とそれに基づく画一的・模倣的な地方農政に対抗して、多様な地方事情に立脚した農業政策を主張するようになる。柳田は、「農業経済と村是」（一九〇九）で、「私が学問々々とえらさうに申しますのは、横には国の全部、縦には過去と未来を包含した総括的な研究を云ふのであります」と述べているが、この論文が巻頭に置かれたことは、一九一〇年以降、柳田の学問が向かう方向（＝地域的な経済事情の研究）を示すものである。

農民の本然を知るために

「農業経済と村是」では、「農業経済は地方行政の骨子」であるとして、個別の地域研究に依拠する「自治農政」を主張した。「自治農政」とは、「自助の精神」に基づく国民の自力の解決に多くをゆだね、国家の関与を限定的にとらえる柳田の政策観に由来する。「町の経済的使命」（一九〇九）には、一九一〇年以降展開する郷土誌や「郷土研究」に先行して、町の存在意義や町村是を検討し、経済的な条件の変遷から将来を計画するという方法論がすでにみられる。こうした課題意識は、『時代ト農政』の各論考を通じてしだいに深化され、各地域の「特殊なる経済上の条件」に基づく「当事者の自覚的研究」が強調されている。

『時代ト農政』の序文では、「親の田畠を親の農法で耕作して些《いささ》かも外界の経済事情に適応することが出来ず又適応しようとも力《つと》めずに、唯世渡りは骨が折れるとばかり兀々《こつこつ》と働いて居る人が存外に多数なのです」と述べて、近代以降の農業それ自体の変化に農民の多数が適応しきれていない点を指摘している。そして当時の農業政策が「彼らの本然に反した思い遣りの無い統一政治」であると批判的に述べていた。

農民たちは、自給自足から市場経済の時代へという経済事情の変化には無頓着で、親代々の昔ながらのやり方を繰り返すだけであったが、このことは彼らを不利な状況に追い込むことになった。なぜ、農民はこの変化に適応できないのか、また適応しようとしないのか。このため柳田は、自らの学問を通じて農民の本然を知ろうと努めることになり、民俗学的な方向へと学問を進展させてゆくのである。

このように、農民の本然を知ろうとする課題意識は、農政学の講義録にはあまりみられなかった点である。農政学の講義録では、農民側の問題点を明快に指摘し、理論的な解決策を示すものであったが、農民の本然が検討の対象とされることはなかった。一九〇九年頃を境に、柳田の学問の展開方向が地域研究や農民の生活に向かっていくのはなぜだったのか。それは、視察旅行を通じて多様な地方の実情を実感したことがきっかけであった。

経済と信仰という視点

柳田は、長期にわたる視察や講演の旅を通して「中央学問」批判の視点を持つようになる。

例えば、一九〇七年の東北旅行では、耕地整理が順調に進んでいる地域がある一方で、全く進んでいない地域もあり、地域差を無視することができないと考えるようになった。そして、画一的な方法では弊害が生じるため、地域の実情に応じた農業・農政が必要であるとして、画一的な政策を模倣するだけの地方農政と、多様な現実に対して一般的な方針で臨む中央農政とを批判的にとらえている。

柳田が注目した地域差は、過去から現在に至る地域の歴史に由来するものであるから、現在から将来に向けて農政問題を解決する鍵は、歴史の中にあるということになる。このため当初は、西欧の学問を接ぎ木するのではなく、国情の差異を配慮すべきだと考え、そこから日本の歴史を知るべきだと主張していたが、やがて各地域の歴史に注目しようとする視点が形成されてくる。さらに、経済をとらえる視点が、学問の実用を追求する過程で、農民の経済生活に注目する視点へと深化して展開し、『時代ト農政』内部の変化としてあらわれたのである。

「地方の産業組合に関する見聞」（一九〇七）では、東北地方の産業組合を視察した際に、産業組合が自治的農政の基盤として、地方ごとに農業経済を考える単位として、期待された役割を果たしていない現実を目の当たりにし、産業組合啓蒙以前の問題――組合の他力依存の傾向や自立的な協同の欠如――に気づかされている。このため産業組合を「合同的自助」の組織として機能させることが急務となり、社会組織の改造と担い手の教育が課題として意識された。

また柳田は、『後狩詞記』（一九〇九）につながる一九〇八年の九州旅行において、経済と信仰という視点を獲得する。彼は、猪狩の風習に「我国固有の思想」を見い出し、「古日本の風紀精神」が新しい文明社会の風俗と併存している状態に衝撃を受ける。そして「歴史は、直立する一本の棒ではない」と述べて、「中央学問」の「単純なる法則」の無力さを痛感した。このように、各地域が異なる歴史（＝地域差）を持つという多系的重層的な歴史観に立てば、まずは各地域の経済的な条件を歴史的に研究しなければならない。

民衆心理への注目

このとき柳田は何に注目していたのだろうか。土地利用の仕方や獲物の分配の仕方など、生活に根ざした慣習は、「不文の規則」として機能していた。例えば、土地所有の仕方は個人所有ではなく「無主」（＝特定の所有者がない共有）とも言うべきあり方であり、これは、産業組合の理念である、協同・相扶・自助に通じるものであった。こうして柳田は、人々が自主的に作り上げてきた解決の仕方である慣習的なルールに経済的な観点から関心を寄せることになった。

さらに、こうした生活に根ざすルールが何によって支えられているのかにも目を向けることになる。例えば、獲物の分配法が山の神信仰に根ざしたものであることから、経済生活と密接に結びついた信仰生活にも注目することになる。後に、『遠野物語』（一九一〇）では、民間信仰や伝説を、『石神問答』（一九一〇）では、道祖神や境の神を取り扱っている。九州旅行の途上、疫病の侵入を防ぐため村が新関を設けて通行制限をしているところに遭遇し、次のように述べる。

> 昔は現実の畏怖数多く候ひし也（中略）啾々《しょうしょう》として空を行き衢《ちまた》に立ち夜深く人の窗戸《そうこ》を窺ふ物に至りては　神力に非されば之を奈何《いかん》ともすること能《あた》はず　乃ち勇猛なる諸天又は夜叉羅刹神《やしゃらせつしん》の類を迄　招き下して境を守らしめし次第かと存じ候

　柳田は、信仰生活に反映された民衆の心理（何を恐れ、何を願うのか）に対する理解を深め、「たわいも無き昔の努力も　凡《すべ》て皆我々の存在と繁栄の為なりしか」と考える。それゆえ経済的な側面からのみ農政問題に関与していた態度を改め、農村生活全般の問題として、歴史的な流れをふまえた農民生活の把握を試みる。すなわち、経済と信仰という視点を軸として、農村生活を対象とする新しい学問によって農民の本然を探究することになる。

　したがって、一九〇九年以降、柳田が地域の歴史と実情に即した将来計画を重要課題とするようになったのは、視察旅行で見聞した多様な現実とそこから得た経済と信仰という視点に由来するものであったといえる。

2　「郷土研究」期における課題意識（一九一〇～三〇）

農政学から「郷土研究」へ

『時代ト農政』（一九一〇）が刊行された頃は、中央（内務省）主導で地方改良事業が進められていた時期で、柳田のめざす多様な地方事情に基づく農政が実現されにくい状況であった。彼は、一九一〇年頃から学問の方向を民俗学的な研究に向けはじめていたが、それは前節でみたように、農民の本然や地方事情をふまえた農政を実施するためのものであった。一九一〇年代から三〇年代にかけては、後に「郷土研究」と呼ぶ学問を模索することになるが、時期によっては、「農村生活誌」（一九一〇～二〇年代初め）や「庶民生活誌」（一九二四～三〇年頃）とも呼んでいた。なお一九三〇年以降は、日本民俗学の確立に向けて活動をはじめる時期になる。

「農村生活誌」

柳田は、住民の観念に即して神社と森の本来的な関係を論じることによって、神社合祀政策に対する批判を行った。例えば、「塚と森の話」（一九一二）では、民間信仰における塚や森の意味を解明している。柳田によれば、塚は、境を守る神の祭場であり、森は、「神聖なる地域」として人があえて開発しなかった土地である。

> 我々が神として齋《いつ》くものは、根源の思想に遡っていへば、御神体でもなければ、社殿では勿論《もちろん》なく、其土地夫自身、其土地の上に繁茂する森夫自身である。

住民の意識としては、森そのものが重要な意味を持つのであり、建物（神社）を別の土地に移転したからといって、そこが新たな信仰対象に変更されるわけではない。こうして一九一〇年以降は、塚、森、漂泊的宗教者、山人などを取り上げて国民の歴史研究を行うこととなり、そこから国民にとっての本来の信仰を解明することが重要な課題とされた。

では、柳田は、民衆の信仰生活の研究を通して何を解明しようとしていたのだろうか。『石神問答』（一九一〇）では、「我々の祖先が中古里に住み土を開き候初　果たして何を願ひ何を畏れ候か」と述べて、農村の慣習を支える観念の底に潜む願望や畏怖に特別な関心を寄せていた。そして「一種えたいの知れない民間信仰」も、当事者にとっては「真面目な事業」であり、できる限りの努力によって願望を実現し、畏怖を軽減しようと試みた結果が、具体的な生活の跡＝歴史であるとした。

つまり、柳田にとって信仰生活の研究は、同時に国民の歴史の研究をも意味していたのである。この課題意識は、農民史研究へと展開され、人々の行動や思考を根底で規定し拘束するものの考察へと向かうことになる。

一九一一年三月に柳田が「山神とオコゼ」という論文を南方熊楠に送ったことがきっかけとなって文通がはじまるが、柳田が南方の神社合祀反対運動に協力したことが機縁となり、新しい学問を作ることが文通でも話題とされた。柳田は、「村落の好学青年」を対象とする雑誌の計画を語り、「新しき方面より日本の成長を研究する」学問を作って「中央学問」の不十分な点を改善しようと考えていた。

『郷土研究』創刊

一九一三年三月に、神話学者高木敏雄と協力して雑誌『郷土研究』を創刊する（〜一九一七年三月）。そして「『平民は如何に生活するか』『如何に生活し来ったか』を記述して世論の前提を確実にする」ことを雑誌の課題として掲げた。そして従来の農業経済学と区別するため、生活全般を対象とする「農村生活誌」（rural economy）という新しい学問を研究することを主張した。

ところが、しだいに南方と柳田の考え方のズレが露呈し、『郷土研究』の編集方針をめぐって対立が起こる。第一に、「ルーラル・エコノミー」の解釈をめぐる問題である。南方は

「ルーラル・エコノミー」を「地方経済学」と訳し、『郷土研究』の内容がほとんど民俗学に偏っている点、柳田の信仰研究（「巫女考」など）が「地方経済学」に直接関係がない点を批判し、民俗学を主とする雑誌に改めるべきだと主張した。

これに対して柳田は、「ルーラル・エコノミー」は「農村生活誌」の意味であると反論し、「制度の論を解説するに俗信風習の轍《てつ》を闡《ひら》くを要せざるもの無之、（中略）今後学徒出で研究起るまでの間は日本の社会事項は全体に亙《わた》ってもっとも雑駁《ざっぱく》に記載するつもりに候」と述べ、「巫女考」（一九一三～一四）は「最狭義の経済問題にも触れてゐる」と主張した。

第二に、『郷土研究』発刊の目的をめぐる問題である。南方は、「Forklore Society」の設立を強く希望し、「田舎青年の啓蒙」「知識の提供」をめざす柳田に対して、教育的任務に重きを置く必要はないと批判した。これに対して柳田は、『郷土研究』の目的は、「将来の田舎の問題の決定」のために、平民の生活の歴史を提供して「世論の前提を確実にする」ことであると強調し、「農村生活誌」を「有用なる学問を地方に喚起するの手段」であると主張した。

柳田は、南方の批判に答えることを通して「新しい学問」の目的を確認することになる。南方に批判された「巫女考」や「毛坊主考」（一九一四～一五）では、信仰生活における農民の願望と畏怖に注目して民間信仰の変遷を解明し、農村の経済的な条件の変遷にも接近しようとしていた。農村の歴史は、記録された歴史ではないが、民間信仰の変化や農民の信仰生活の意味を考察することにより、経済的な生活の痕跡にも間接的に接近できると考えたのである。

そこで、地名から開墾や土地所有の歴史を解明しようとするなど、地名や方言に経済的な条件の変遷を探究するための手がかりを求めている。柳田にとって「経済」とは、生産や分配、労働組織、消費、交易、人間の生活基盤に関わる土着の条件など、信仰生活をも含んだ生活全般に関わるものを意味し、後の民俗学に展開していく視点がみられる。

「郷土研究」の目的と方法

柳田は、雑誌『郷土研究』や『郷土誌論』（一九二二）で、「郷土研究」の目的や方法について述べている。

例えば「郷土誌編纂者の用意」（一九一四）では、中央主導の形式的な町村是を批判し、地域住民自らが、新たに、歴史的な研究によって郷土の事情を理解すべきことを強調した。この論考は、南方の意見書「『郷土研究』の記者に与ふる書」（一九一四）の最終回と同じ号に掲載されたもので、南方の批判に対する柳田の回答とみなすこともできる。柳田は、地域社会の将来計画に必要な「我郷の昔の生活」の解明とその方法についても述べている。すなわち将来計画を立てるには、過去から現在に至る生活の変遷や拘束・進路・条件を明らかにし、歴史的に地域の事情を理解してゆく必要があるとした。

これは、柳田が提示した「農村生活誌」の課題意識や方法意識とも重なり合うもので、農政学期に彼自身の思考方法であった歴史を手がかりにする方法が、地域の歴史を解明する方法として位置づけられたことを意味する。つまり郷土誌によって「個々の郷土が如何にして今日有るを致したか」「如何なる拘束と進路とを持ち如何なる条件の上に存立して居るか」を明らかにし、「どうすれば今後村が幸福に存続して行かれるか」を考えるための知識を提供する必要があった。

『郷土誌論』（一九二二）では、郷土誌の具体的な中身として、土着・開墾の歴史、兵農分離の歴史など農村生活の歴史を提示する。柳田は、地方に残る「偶然記録」や村の形状、地名などを手がかりに農村の歴史をたどることができると考えており、「個人の力では変更することの難しかった土着当時の条件」に注目し、「普通人の一般外敵に対する態度」や「不安に基づく俗信」を読み取ろうとしていた。

そして、「村の生活条件」が異なれば、「将来の運命」や「成長発達に対する制限」も一様ではないから、「村の分類」を行って、生活条件を知り、今後の生活方針を定める必要があるとした。その際、物質的な条件だけではなく、「住心地」のような心理的な条件にも注目して、将来計画に必要な「村の発達変遷」を解明することをめざしていた。こうした方法面での新たな展開の背後には、支配者の学としての歴史学に対する批判意識がある。

そこで、記録された歴史の圏外に置かれた無名人が、現在を理解し、将来を計画するためには、「書籍以外の郷土研究」によって、内部から、日常的な「平和の裡《うち》の推移を窺ふ」歴史研究を行う必要があるとした。その時、不可欠の学問とされたものが、彼の構想する「農村生活誌」だったのである。

「庶民生活誌」

『郷土誌論』（一九二二）には、一九一〇年代における「郷土研究」の主張と歴史学批判が示されている。柳田は、慣習的な制度や組織の存在意義の検討を通して、旧弊な部分を改めて新たな時代に必要な機能を補充したり、良質な部分をさらに発展させる形で近代的なものへと育成することを主張した。また「郷土研究」によって、国民自身が必要とする歴史を探究し解明する過程で、主体的な判断力、選択力、批判力などが培われると考えていた。

このため一九二四年以降は、青年や教師を対象に、生活を改善する学問として「郷土研究」を提唱し、実生活上の疑問を出発点として歴史を手がかりに問題解決を図ること、既成の学問の視点や理論を郷土生活の実際に即したものへと改めることをめざしていた。『青年と学問』（一九二八）では、学問の実用という観点から当時の歴史学や歴史教育を批判し、多数の「無名氏」を圏外に置く歴史からは、「自分の今思ひ悩んで居る生存の問題」の解決に必要な知識が得られないと述べている。

それゆえ地方生活者の現在の生活と「国史」との間の溝を埋めて、歴史を実生活に結びつけなければならない。そこで柳田は、「庶民生活誌」によって学問を実際化し、「中央に向っての学問上の屈従」や「智識のあてがひ扶持」を克服しようとした。三部作『日本農民史』（一九二六）、『都市と農村』（一九二九）、『明治大正史世相篇』（一九三一）は、無名人の歴史、地方生活者の歴史を解明しようとするもので、人々に働きかけて社会的な問題に関心を持たせ、「眼前に痛切なる同胞多数の生活苦の救解」をめざしていた。

すなわち、零落・絶家・親子心中・孤児・失業など不幸の原因をつきとめ、「生活改善」を行うには、「郷土研究」が必要となる。この場合、「生活改善」とは、単なる生活方法の改良ではなく、「同じ憂いを抱く、多くの者が団結して」新たな社会制度や社会組織の創出をめざすものである。特に、『明治大正史世相篇』では、必要な歴史の体系を提示して、当事者に「人を不幸にする原因」や「国の病のあり所」を考えさせようとしていた。

その際、地域差という観点が強調されたのは、「学問の地方的分業」として「郷土研究」を行う必要があると考えていたからである。「郷土研究といふこと」（一九二五）では、「資料採取の分野を出来るだけ小さく区分し、個々の地方を単位とした考察方法、及びその沢山の比較を以て、或事実ある法則を明らかにして行かうとする学問」であると述べている。そして

「特異な一地方の研究と全体の理解といふことは、互に補ひ合って研究を裨益《ひえき》する」と主張した。

つまり柳田は、「郷土研究」を媒介として「地方事情の疎隔」を理解し合うことによって、異なる土地の住民が交流していく相互的な郷土研究を構想していたと考えられる。彼は、当時の郷土教育運動や郷土研究が孤立割拠している点を批判的にとらえ、「比較と総合」を前提とする相互的な郷土研究によって、地域住民が、「中央学問」に頼らずに自力で社会的な問題の解決を図ることが可能であると考えていたのである。

したがって一九二四年以降は、「郷土研究」によって〝学問と実生活の結合〟を図るために、①社会的な実際問題や身近な疑問を重視すること、②判断の材料として必要な歴史知識を解明すること、③他地域との学問的な交流を図ること、④そこから得た「政治意見」や「生活の理想」を国政に反映させること、⑤他の学問と提携して「経済組織の改造、公共倫理観の再建設、その他色々の実地の事業を準備する」ことをめざして、当事者である国民自身が社会改造・生活改善の担い手として想定されてゆくことになる。

以上みてきたように、一九一〇年以降「郷土研究」は、二つの課題──①地域住民としての自覚を喚起して自律的な地方文化を育成すること、②住民自身による将来計画によって社会改造を実現すること──をめざして展開されてきたことがわかる。柳田の学問は、「国民総体の幸福」の増進をめざす農政学から出発し、「学問」の実用という観点から、地域差や沿革をふまえて問題解決を図ろうとする「郷土研究」へと展開されてきたのである。

相互的な「郷土研究」

『青年と学問』（一九二八）で提唱された「郷土研究」の主張——①郷土に根ざした学問の育成、②比較と総合に基づく相互的な「郷土研究」の確立——は、一九三〇年から一九三五年にかけて、「新しい歴史」の方法論としてさらに整備された。当時は、文部省主導の郷土教育運動がさかんに展開された時期であるが、柳田は、『青年と学問』での主張をさらに発展させ、「郷土研究」を媒介として地方に学問的な連帯を広げていこうとしていた。

特に一九三〇年前後は、方法論の構築や若手研究者の養成、全国的な民俗調査など、日本民俗学の形成に関わる動きも活発になり、一九三五年には、日本民俗学の全国組織として「民間伝承の会」が結成された。『郷土生活の研究法』（一九三五）では、地域住民が自ら「平民の過去」を知って「社会現前の実生活に横はる疑問」を理解することが、「郷土研究」の社会的意義であると規定している。そして「無記録地域の無記録住民の為に」「新たなる歴史」を解明することを「郷土研究」の目的に掲げている。

柳田は、一九三二年に山形県教育会で講演した「郷土研究と郷土教育」（一九三三）で、「郷土研究」の目的を次のように述べる。

我々は郷土を研究の対象として居たのでは無かった。［中略］郷土を研究しようとしたので無く、郷土で或ものを研究しようとして居たのであった。その『或もの』とは何であるかと言へば、日本人の生活、殊《こと》にこの民族の一団としての過去の経歴であった。それを各自の郷土に於《おい》て、もしくは郷土人の意識感覚を透《すか》して、新たに学び識《し》らうとするのが我々どもの計画であった。

「日本が十万二十万の小さな郷土の集合に成る」と述べた柳田は、我が「郷土（だけ）を」研究する割拠的な「郷土研究」の閉鎖性を批判すると共に、「中央学問」への従属的な関係を改めるために、「民族の一団としての過去の経歴」をそれぞれの「郷土で」研究する相互的な「郷土研究」を主張したのである。

日本民俗学の成立

『郷土生活の研究法』（一九三五）では、民俗学は、「他日必ず一度は国民を悩ますべしと思ふ問題」を予測して、「生活改善」や主体形成を妨げる「時世」や「自然」というものを究明する必要があると述べている。

私たちは学問が実用の僕《しもべ》となることを恥としてゐない。［中略］差当りの論議には間に合はなくとも、他日必ず一度は国民を悩ますべしと思ふ問題を予測して、出来るものならそれをほゞ明かにしておかうと企てゝ居る。大体近世に社会改革と称し、生活改善といふものは問題の巣であらう。これが声ばかりで何たる効果もなかったといふことには、方法や当事者の失敗も多からうが、その背後には所謂《いわゆる》時世に適せず、もしくは自然に反したと称せらるゝものもあると思ふ。その「時世」なるものは果して何であるか。また人間の所業にして、自然であり、自然に反するといふことは何を意味するか。単なる抽象的の論理に堕《だ》し去るまいとすれば、翻《ひるがえ》ってその改められんとする事態の、成立ちと根強さ、引抜いて棄てることの困難なるわけを吟味してみる必要が出るのであった。

ここには、一九一〇年以降の柳田の学問の方向が、一見、民俗学的な研究へと転向あるいは拡散したかのようにみえた事情が説明されている。柳田は、農民や農村が置かれている状況に直面し、農業改良政策・産業組合の啓蒙普及活動以前に、「人間の所業」を根底で規定し拘束するものを解明しなければならないと考えたのである。そこで一九一〇年代以降は、農民の「本然」や「自然」を知るために、経済と信仰という視点から、信仰生活の研究や農民史研究を行ったのである。

その後、『明治大正史世相篇』（一九三一）では、物質的な面と精神的な面の双方から、人々の思考・行動を規定し方向づけるものの探究を試みている。なぜなら、たとえ科学的な根拠はなくても、人々の不安を和らげ、安心をもたらす観念や慣習があれば、それに代わるべきものを見つける必要があると考えるからであり、それを当事者に見つけさせ、自覚的主体的に改革を行うべきだと考えていたからである。このため柳田は、①社会問題を解決するために必要な知識を提供すること、②「常識の改訂」を行って国民自身を担い手とする「生活改善」を実現すること、を自らの学問の課題として位置づけている。

こうして柳田は、「郷土研究」の時期を経て、「国民総体の幸福」の増進を実現すべき真の主体が国民自身であることを明らかにする。その結果、国民を担い手とした社会改造・生活改善・主体形成に貢献する「学問」として民俗学を構想してゆくことになる。

3　一九三〇年以前の教育観の形成

関東大震災（一九二三）を契機として国際連盟の仕事を辞めて帰国した柳田は、後の日本民俗学を形成するための活動を開始する。その際、青年や教師に向けて積極的に「郷土研究」を呼びかけ、一九三〇年代以降は、義務教育の効用を問い直す視点から、歴史教育や国語教育に対しても発言を行いはじめ、彼の教育への関わり方に転機がみられる。

そこで、柳田の学問の展開過程に即して、農政学から「郷土研究」へと展開しはじめる一九一〇年頃と民俗学確立への動きが活発化する一九三〇年頃を画期とみなし、①初期：農政学時代（一九一〇年まで）、②移行期：「郷土研究」時代（一九一〇～三〇年）、③確立期：「義務教育の条件」以降（一九三〇年以降）の三期に区分して、柳田の教育観の形成過程を概観することにしたい。

①初期：農政学時代

「農民ヲ本位トスル教育」

柳田は、『農業政策学』（一九〇二）において、農業教育とは、「農民ノ生活ヲ改良シ其幸福ヲ増進スヘキ一切ノ手段ノ付与」であるとして、労力改良は、個人の努力を主とすべきだが、個人の力ではなしえない部分については、国または公共団体の政策の力が必要になる、その場合、政策の干渉は最小限にとどめるべきだ、と述べていた。ところが、現実には、農民は市場経済の新しい状況に適応しきれておらず、彼らに生産改良や経済的な知識を獲得させるために、柳田は、農業教育に積極的な意味を見い出すことになる。

農業教育機関の長所・短所を検討した柳田は、卒業後、農業に就く者が少ないのは、農民の大部分を占める「小農」にふさわしくない農法を教えているからだと考えた。そこで「国が其の農学校の組織方法如何を決するにあたり、第一に参酌《さんしゃく》すべき事情は言ふ迄も無く国民の需要なり」と述べて、「農民ヲ本位トスル教育」を実施するためには、「小農」向けに教員・教科書・カリキュラムを見直すべきであると主張した。また、農業組合など学校教育以外の農業教育にも期待を持っていた。

「農民ヲ本位トスル教育」という主張には、農民の生活改良・幸福増進・「小農」の需要の考慮など重要な視点がみられるが、農業教育を「農業労力の品質向上」をめざす生産増殖策として把握していた点には、次のような問題点があった。

第一に、啓蒙的な課題意識が先行して、教育を受ける側から教育政策を検討する態度が弱かったこと。当時は、「小農」および彼らの生活技術への視点が乏しく、まだ各地域の自前の文化や「地方を本位とする学問」の担い手を育成するという視点は明確ではない。後に注目することとなる「前代教育」に対しても消極的な見方をとっていた。

第二に、産業組合の啓蒙によって各人に「自助の精神」を持たせるための具体的な実現方法が、経済的な知識の普及・経営手腕と認識されていたこと。当時柳田は、まだ農民の主体形成の問題を十分にとらえきれていなかったが、東北地方の産業組合を視察していて、啓蒙以前の問題として、農民の主体形成の問題に気づかされるのである。

このように、柳田の教育観に変化がみえてくるのは、旅行などを契機とした学問観の展開により、農民の文化や技術に対する見方が変化したことによる。例えば、「旅行の話」（一九一六～一七）に、この時期の旅行から得た見聞の意義が述べられている。すなわち、①地方には「居住地の事情を知らぬ者が多」く、②地方文化には「遠方の一致」があること。そして、③村には、成立条件の違いによる「村の種類」があり、④村の成立に関しては、「昔の人達の心持ち」や「今の心理学ではまだ解《わか》らぬ人間的事情」を考慮する必要があること。これらの点は、旅行を通して彼の視点がさらに豊かなものとなり、方法的な広がりを獲得したことを示している。

「郷土研究」との関連について言えば、①は、地方人の主体性や自立性の基盤である郷土を「郷民として内部から」研究すべきだという主張につながる。②は、比較と総合という「郷土研究」の方法論に関わり、普遍性・独自性への着眼は、「日本の社会研究の、一つの発足点」だとみなされていた。③は、地方農政の模倣主義を克服して「今後の村の生活方針を定める」際に手がかりとなる視点で、さらに④は、後に雑誌『郷土研究』（一九一三～一七）で展開される民間信仰研究へと向かう課題意識の存在を示すものである。ただし、農民の需要を考慮するなど、教育の実際化をめざす視点はまだ十分ではなく、彼が「前代教育」の価値に注目するまでには、さらなる課題意識の展開を要することになる。

②移行期：「郷土研究」時代

地方青年の啓蒙

雑誌『郷土研究』の創刊は一九一三年であるが、それ以前から、村の青年・教師を対象とする啓蒙的な雑誌を計画していたことが南方熊楠との往復書簡からわかる。柳田は、南方の神社合祀反対運動を支援したことがきっかけで交流が深まり、やがて「新しい学問」について語り合うようになっていた。柳田は、雑誌刊行の目的として、①学問の改良、②青年の主体形成をあげ、学問の改良を通して青年たちが必要とする知識を提供し、彼らを担い手とする新しい学問を作りたいと述べている。ここでいう「新しい学問」とは、後日、「郷土研究」と呼ぶことになる学問をさしている。

柳田がこのような学問を構想した背景には、すでに述べたように、当時の学問のあり方に対する批判意識があった。つまり明治以降、「中央学問」が「四十年来の受売」を続けた結果、「欧化主義の弊」に陥り、「単純なる法則」によって多様な日本の農村の実態を無視してきたことを問題視したからである。このため柳田は、雑誌『郷土研究』を「信仰生活以外にも弘く日本田舎の生活状態を研究し、新しき題目を提供する」雑誌であると位置づけ、これから着手しようとする新たな学問を「ルーラル・エコノミー」と仮称した。

しかし、この時期の彼の課題意識は他者には理解されにくいものであり、一時は同志とまでみなした南方熊楠とは、雑誌『郷土研究』刊行後、袂《たもと》を分かつことになる。柳田にとっては、農民の信仰生活の研究は、農民理解のために必要なのであり、「ルーラル・エコノミー」は、社会改良のための学問でもあったのだが、民俗学を望む南方からは、民俗学か、地方経済学か、雑誌の性格を明確にせよと詰め寄られ、経済も信仰も含んだ「農村生活誌」であると反論したものの、南方の理解を得ることができなかった。

柳田が農民の信仰生活にも目を向けるのは、農政学時代に上から政策（産業組合法）を実施しようとして農民たちに受け入れられなかった苦い経験があり、政策を実施するために彼らの「本然」を知る必要を痛感したことに由来する。こうして経済と信仰の両面から農民の生活史を解明することが、あらためて柳田自身の学問の課題とされ、『後狩詞記』（一九〇九）、『石神問答』（一九一〇）、『遠野物語』（一九一〇）などの著作に結実したのだといえる。

ここには、農政学期に産業組合の普及活動を通して自覚させられた課題意識（①社会組織の改造、②担い手の主体形成）が維持されている。そのための具体的な方法は、『郷土誌論』（一九二二）に収録の諸論考で深化されてゆく。「郡誌調査会に於て」（一九一八）では、「如何に小さな事実でも、人の始めたものに意味の無いことは無いといふことを実験するのは、人間教育として至って大切」であると述べている。

こうして無名人の歴史に着目した柳田は、青年たちがそのような歴史を知る過程で主体的な判断力や選択力が培われると考えており、すでに一九一〇年代に「郷土研究」が青年にとっては大切な人間教育であるととらえていたことがわかる。後に、国際連盟で委任統治領に関わった際には、同様の観点から、「彼らの個々の存在やその存在意義を自覚するにいたらない」国家主義的同化主義的歴史教育を批判している。

「郷土研究」の教育的意義

この意味で、「郷土研究」には、一九二四年以降主張されていく歴史教育構想の片鱗《へんりん》が示されている。すなわち、「郷土研究」には、①「生活改善」をめざす学問的な側面と②青年の主体形成をめざす教育的な側面とがあり、人間教育という観点から広義の歴史教育として位置づけられていくのである。

こうして、一九二四年以降、柳田は、「郷土研究」を通じて青年・教師に呼びかけると共に、学校がなかった時代の教育に注目したことにより義務教育にも関心を寄せることになる。

第一に、「郷土研究」によって、自律的な地域文化を育成し、「生活改善」をめざすようになる。その担い手は、青年・教師が想定されており、「平民の永い努力の痕跡」＝郷土の歴史を学ぶことによって、「取捨判定の能力」や「独立の態度」を獲得することが重視された。

つまり「郷土研究」は、生活者が必要とする歴史を進んで探究し、その過程で主体的な判断力・選択力を育てる方法としても機能しており、「史心」の養成をめざす歴史教育とも重なり合うものであった。

第二に、朝日新聞論説委員の時期（一九二四～三〇）に、制度化された教育全般へ視野を広げ、特に青年期の教育に関心を寄せた。そこで、普通選挙法に向けて、青年が的確な判断や選択を下せるよう彼らに判断力・選択力を培うこと、青年を真の地域社会の担い手として育てることが急務とされた。当時は、国民の思想善導を目的とする社会教育が推進された時期であるが、柳田は、「郷土研究」によって、地方の青年たちが自発的な学問を行い、自己教育の手だてとしても活用することを考えていたのである。

第三に、この時期から柳田は、制度化された教育をとらえ直す視点として、地域生活に根ざした「以前の世の農村の教育法」に注目している。ここには、「農民の本然」への着眼によって展開されてきた彼の学問の課題意識が反映されている。柳田は、「以前の世の農村の教育法」を生活者自身が保持してきた教育の歴史と位置づけ、教育を制度化する際に欠落したものは何かを考えるようになる。そして「以前の世の農村の教育法」を「前代教育」と呼び、伝承文化の知恵で制度としての学校教育の弱点を補充する必要があると主張した。

特に、「前代教育」への着眼は、柳田が、国民の自立的な主体形成の必要性を強く自覚したことが契機となる。このため、後に、自主的に行われてきた人間形成の慣行を手がかりにして、「前代教育」における一人前という観点から義務教育を検討する視点へと深化されることになる。

このように、「郷土研究」への取り組みを通じて柳田は、青年の主体形成の問題や制度化された教育を改革することを自己の「学問」の課題の中に明確に位置づけ、教育に対する関心をさらに深化させてゆくのである。

③確立期：「義務教育の条件」以降

温故知新

「義務教育の条件」（一九三二）には、一九三〇年以前の主張（＝国民の需要に基づく教育）が集約されており、さらに、その後展開されていく学校教育（国語教育・道徳教育・歴史教育）改革への視点や学校教育をとらえ直す軸となる「前代教育」への言及が示されている。

例えば、国語教育については、読み・書きに偏して「よそゆきの言葉」ばかりを教える点を批判し、聴く・話すを重視して、実生活に必要な「毎日の言葉」を教えるべきだとした。これは、主体的な言語能力（＝「考へる言葉」）の獲得を通じて言語に対する主体性を回復させようとするものである。道徳教育については、「臣民たる意識」の注入よりも新たな協同のための公徳心・公共倫理を培うべきだとした。

ほかにも、歴史教育については、「全国共通のもの」を教えるだけでは「各人の自ら占むる地位」（＝地域住民としての主体性）を自覚できないとして、現在の自分の生活につながる歴史（＝生活史・郷土史）も教えるべきだとした。そして義務教育年限延長問題に関しては、形式的な年限延長よりも、学校教育が「一人前」となるために必要な事柄をどれほど教えているかを早急に検討すべきだと述べ、義務教育の意味役割を問い直す必要があるとした。

その際、学校教育改革の視点は、教育の変遷してきた道筋を解明すれば得られると考えていた。そこで、「前代教育」から、①技芸、②ことば、③生き方を抽出し、特に、生活者として必要な労働や生活に関する知識・技術を学ぶ①技芸の教育に注目した。柳田によれば、かつては各家庭で行われた家業に関する技芸教育は、学校が登場したことにより、教育を行う最適な時機を奪われてしまったのである。しかも学校教育によって、その代わりになるものを与えられずにいるため、義務教育は、まるで「事務員の教育」である。

柳田は、一九三〇年以降、教育の習俗研究を行って、「前代教育」の教育観念や特質を探ろうとしていた。その過程で、生活者としての「一人前」を育てるという観点から、「見習い聞覚え」など、「前代教育」の教育方法に注目して、そこから学校教育に欠けているものを補充する手がかりを得ようとした。こうして「義務教育の条件」には、一九一〇年以前にはみられなかった「前代教育」への積極的な評価があらわれてくる。

農政学期との違い

次に、この時期に柳田の教育観が進展したことを明らかにするために、農政学期の教育のとらえ方とこの時期の教育のとらえ方を対比しておきたい。

第一に、農政学期は、啓蒙による労働力の品質改良という観点から教育を「国家の事務」とみなしていたのに対し、「義務教育の条件」では、地域社会の担い手養成という観点から各地域が未来の住民を育てることだとしている。

第二に、農政学期は、生産改良や新たな経済組織に適応するために必要な知識を「付与」することが目的とされたが、「義務教育の条件」では、土地に根ざす生き方や「生活の基準」に注目して地域的な多様性に基づく教育内容を準備しなければならないと述べている。

第三に、農政学期の「農民ヲ本位トスル教育」には、実用性重視の観点はあったが、それらは本当の意味で農民の「本然」に根ざしたものではなかった。しかし「義務教育の条件」では、昔の人々はいかに生きたかという生き方の問題に関わらせて、農民の「本然」に根ざした「毎日の生活に入用なもの」を重視している。

第四に、農政学期には、農民が伝承してきた教育を〝時代遅れ〟とみなしていたが、「義務教育の条件」では、学校教育の外にある家庭や地域の教育に注目し、そこに教育的な価値を認めるようになる。

このように、柳田の教育をとらえる視点には、明らかに変化がみられ、特に農民の伝承する教育や文化に対する態度が大きく変化している。このような教育観の変化は、旅行などを契機として柳田の学問観が展開し、地域に根ざした多様な生き方に注目するに至ったことによる。彼は、自らの学問として農民の「本然」を探究する過程で、農民の伝承文化の意味や彼らの持つ力に気づかされたのである。

また、土地に根ざした生き方には、過去から現在に至る生活経験の蓄積が含まれており、土地ごとに異なる生活の歴史にほかならないことを理解したのである。そして地域の文化を直接に築き上げ、伝承してきた担い手が、多数者である無名人であったことを改めて認識し、やがては、彼らが「自ら救ひ得ること」を自覚することに期待をかけるようになる。

それゆえ一九一〇年以降は、「郷土研究」によって地方生活者のための「新しい学問」の創出や担い手の育成に努め、「義務教育の条件」では、ことばや歴史の知識が「前代教育」における人間形成に果たす役割に注目した。一九三〇年代以降、柳田が歴史的な思考力・判断力である「史心」や主体的な国語能力の基盤になる「考へる言葉」の養成を強調してゆくのも、彼の主眼が国民の主体形成に置かれていたことを意味するものである。

4　前代教育への注目とその視角

前代教育とは何か

柳田は、教育の習俗研究を教育改革を行う際に不可欠の作業だと考え、教師に向けて前代教育に学ぶべきことを呼びかけていた。次に、前代教育に関心を寄せる過程で彼が前代教育の意味をどのように考えていたのかをみておきたい。

柳田は、一九二〇年代後半頃から前代教育について述べはじめ、一九三〇年代の初めには前代教育の輪郭をほぼ明らかにしていた。国際連盟で委任統治領の教育問題を担当したことから（一九二一〜二三）、固有の文化と主体形成への課題意識が、主体性の基盤を形成する文化やことばの問題として再認識され、前代教育への関心として明確にされたのである。「地方学の新方法」（一九二七）では、前代教育と国家による学校教育との違いに注目し、次のように述べている。

以前の世の農村の教育法は、よほど今日とは異なったものであった。今の小学校に該当するものは私塾の素読や寺子屋の手習いでは決して無かった。年長者と共に働き又父兄などの話を脇で聴いて居て、所謂見習ひ聞覚えが教育の本体であった。何度も何度も繰返されて、いつと無く覚え込む言語の感覚が、主要なる学課であった。方言そのものが今日の教科書に当たるものであったことは、近世一律の教授要項の下に、遠方から来た先生が多くなった結果、親から子への連鎖が著しく弱くなったことを考へて見ればよくわかる。勿論《もちろん》之を防がんが為に小学校を罷めて、再び家庭と郷党との感化に、普通教育を一任するわけには行かぬが、少なくとも此全国一律の国家教育時代の大きな影響を意識して、何等かの用意を以て避け難い弱点を補充しようと試みることだけは必要である。

すなわち、前代教育では、実生活を通して学ぶ「見習ひ聞覚え」が子どもの自発的な学習能力に基づくものであり、生活者として必要な実地教育が各地域で「親から子への連鎖」によって伝達されてきたものであることを指摘している。そして「全国一律の国家教育」によってはカバーできない部分がこのまま抜け落ちてしまうことに対して、「何等かの用意」が必要であると主張する。このように、柳田は、学習者の主体性に依拠する教育、学習者の需要や地域の実情に根ざす教育として前代教育を提示し、画一的で、学習者の需要を軽視する学校教育を批判した。柳田は言う。

兎《と》に角《かく》昔を知るといふことゝ、保守主義即ち昔を守るといふことゝは、全然別の問題である。何ほど現状維持を望む者があっても、時勢は外から変って来るもので、人の生存は先《ま》づ之に適応せねばならぬ以上は、幾《いく》ら伝統の教育に力を入れても、改めらるべきものは改まる。近世の如き激しい変遷こそは無かったけれども、いつの時代でも親の仕来《しきた》りの儘《まま》を、子が受継いだといふことは無かった。

つまり、前代においても必要に応じた改変があり、その限りで主体的に教育が続けられてきたことを強調したのである。この意味で、教育の習俗研究は、前代教育を復活させるためではなく、現在の教育を改革し、今後の教育を計画するために必要なものであった。

前代教育と一人前

次に、「教育と民間伝承」（一九三二）では、学校教育が登場してから前代教育がいかに変化したかに注目しており、すでにこの時期に学校教育の問題点や前代教育についての大まかな認識が形成されていたことがわかる。

教育がもし彼等の解する如く子供を一人前の大人にする支度《したく》の全体を意味するものなら

ば、それが僅々《きんきん》百年二百年の昔から一部少数の間に始まり、明治に入って漸《よう》く完成した位《くらい》で国民の智能を今日の程度にまで持って来られるわけがない。日本人は［中略］水準線上の多数平民の感覚と推理力、物を会得し判断する力、正不正、善悪の批判にかけては、どの国に劣ってゐるといふ国もないのである。これが所謂無教育の結果なりとはどうして言はれやうか。

柳田は、前代教育には「子供を一人前の大人にする支度」が備わっていたこと、親や郷党の教育によって日常生活に必要な知識・技能、日常道徳、ものの考え方、判断力、批判力などが育成されたことを明らかにした。このように「教育方法の新旧の差」に注目して、学制以前、あるいは寺子屋以前の人々が決して無教育ではなかったことを強調した。そして、小学校が担当する教育は「子供を一人前の大人にする支度」の一部分にしかすぎないと指摘して、小学校教育の「欠点」について述べている。

即ち我が小学校教育は一般には文字を以てあらゆる生活に必要なる知識技能を与へ得るかの如く誤信せしめ更に他の一方には之によって一切の群の教育を引受けて可なる如く安心して居ったといふ欠点があった。

一般に被教育者の要求する以上のものを詰め込まんとし、しかも求めてゐるもの、若干より与へられて居らぬのである。歴史でも地理でも、これだけのことは是非覚えさせて置きたいといふ外側の注文から出発してゐる。さうして愈々《いよいよ》成長して一人前の平民となってから最初に起すであらうと思ふ疑問は依然として多く残るのである。

柳田は、教育を受ける者にとって将来必要なものは何かを考えるべきだとして、被教育者の要求する知識・技能を与える学校に変えていくべきだと述べている。このため、前代教育の歴史から、以前はいかなる教育が用意されていたのかを知り、現在は何が欠け、何を補充する必要があるのかを教師自身が考える必要があると主張した。

三組の教育

さらに、「義務教育の条件」（一九三二）では、前代教育が誰によって担当され、どのような効果と弱点を持っていたかを再考すべきであるとした。そこで「毎日の生活手段に利用して居る知識経験技能」のうち、学校教育によるものがどれだけであるのかを問い直すべきだと述べている。

読書や算筆を職業にして居る者までが、その世渡りの手腕といふのは、大抵は学校以外で養はれたものである。先生は之を気質と名づけたり、又周囲の感化などといふ漠然たる語を以て説明するが、実際はそれが寺小《ママ》屋以前の教育の全部であった、以前は少なくとも有効なものであった為に、国民は無学ながら此通りに進歩して居たのである。

こうして柳田は、「人間を一人前にする為に、是非とも教へて置かなければならぬ事柄」が学校教育から欠落し、実際に日常生活で役に立っていることは学校以外の教育によって身につけたものであることを指摘した。

そして民衆の教育史が文字教育中心の寺子屋からはじまると考えられている点を批判し、学校や寺子屋がなかった時代にも「親と故老と村内の同輩」によって土地に根ざした人間形成が行われていたことを強調している。すなわち、前代教育は、①家族による家業の教育（特に技芸教育）、②地域社会の先輩による教育（故老教育）、③若者集団内で行う教育（同齢団の教育）という、「三組の教育」によって方言や群の教育力を利用した「文字に頼らない教育」を行ってきたのである。

柳田は、学校教育の出現によって前代教育がどのように変化させられたかを三点にわたって指摘している。第一に、「家々の技芸実習」を軽視する学校教育によって「最も家業と親しみ易い年齢なり時刻なり」が利用されなくなったこと。このため経験を積み重ねて実習の中から学ぶ機会が減ることとなり、特に技芸教育が衰退した。第二に、方言匡正をめざす国語教育によって「一家一郷の、自由な交通」が阻害され、「口真似」や「片言」が増えたこと。第三に、「所謂統一教科書」のおかげで代替不可能な土地に根ざした生き方を学ぶ機会を奪われたこと。

この結果、前代教育が担当していた「人間を一人前にする為に、是非とも教へて置かなければならぬ事柄」が、学校教育によって教えられないまま、現在に至っていると述べる。このように、記録に残らなかった教育の歴史を明らかにすることを通して、柳田は、学校教育の陥っている問題点を明らかにし、さらに、学校教育に対する人々の期待をいかに引き受け実現していくかを探究しようとしている。

「空隙」の発見

そこで、学校教育の問題点は、前代教育の衰退後にできた「空隙《くうげき》」（＝すきま）に潜んでいると考え、学校教育に欠けているものを補充するヒントとして前代教育の知恵と弊害に注目した。この場合、学校教育を見直す視点として前代教育をとらえているが、やみくもに何でも継承しようとは考えておらず、「時代と相応せぬ旧制度の残留には、無益と言ふよりも時としては有害なことがある」と述べて、前代教育の弊害を見極めようとしていた。

例えば、前代の若者組と新設された青年団とを比較し、社会教育の「空隙」について述べている。前代教育において「同齢団」や「故老」による教育が必要とされたのは、「家族以外の者から学ばねばならぬ教育法」による学習が多く、家族の力だけでは「一人前」を育成することができないからであった。ところが、制度としての社会教育は、こうした家庭外教育の代替物にはなりえず、「空隙」を埋めることができなかった。

また、学校以外の教育にも目を向けたことにより、従来は「無教育」だとみなされてきた人々が伝承する人間形成の歴史に学ぶ必要を強く感じるようになった。そして旧来の人間形成機能が弱体化したからには、義務教育機関である小学校が家庭以外の教育機関の役割も担わなければならないと考えていた。このため〝生活者の需要に基づく教育〟いう観点から、義務教育の条件を問い直し、小学校の教育を改革する視点を得ようとしている。

そこで、具体的な改革案として、①教師、②教科書、③技芸教育の三点について簡単に述べている。すなわち、ことばと実習との双方から学習させる部分を多くするために「教科書の制限」を行い、地域の実情に詳しく学習者の需要を理解した教師が教育内容を編成すること、それぞれの家族が行う家業のための技芸教育を学校教育が阻害しないように配慮すること、を提案している。

このように、柳田は、小学校教育を改革することも視野に入れて前代教育に注目し、教育を受ける者の立場から義務教育の効用を問い直し、彼らが必要とする教育を模索しようとした。このため、教育の習俗研究を行って前代教育の具体像を解明しようとしている。

5　前代教育から何を学ぼうとしたのか

では、柳田は、前代教育のどのような点に注目していたのであろうか。ここでは、柳田が前代教育から何を学ぼうとし、また学ぶ必要があると考えていたのかを明らかにしたい。

①教育目標

一人前の村人を育てるために

前代教育における教育目標は「一人前」の村人を育てることである。では、「一人前」とはどのようなものなのか。「義務教育の条件」（一九三一）で、柳田は、「一人前」をめざした前代教育の特徴をあげている。

青年期に達する迄は大人の干渉が少なかったといふこと是が一つ、十五か十六の一人前といふ時期になって突如として一郷の故老といふ人たちとの交渉が始まり、待遇も改まるが責任も重くなることは、ちゃうど今ならば新入営と同じやうな強烈な印象であって、しかも兵卒生活よりも五六年も若かったこと是が二つ、第三には家で小さな時から耳にしていた言葉、殊に今までは他人の事件として、横から聴いて居た色々の無形名詞などが今度は別人の口から、しかも直接に自分たちの行為に関して、くり返し使用せられることである。

すなわち、十五～十六歳に「一人前」の境があること、「一人前」と認められると待遇が改まり責任も重くなること、「一人前」として望まれる行動様式にふさわしい行動を要求されることが特徴である。

「社会と子ども」（一九四二）では、青年が「一人前」の村人として認められるために必要な条件と「一人前」に許される権利について、次のように述べている。

とにかくに最小限度、米を一俵かつがれるといふことは条件であり、それの出来ない者は僧になり商人などを志願したと同時に、一方に此関門を通った者は、神を祭る集団に入ることを許され、公けの課役には一人として算《かぞ》へられ、共同の生産物は丸一口の分配を受けた外に、配偶者を見つけて之と婚し得ることが、原則として認められたのである。

前代教育における「一人前」は、一定の労働能力を備えていることが前提とされ、「一人前」と認められると、信仰生活を司どる集団への加入が許され、共同生産物の分配を受ける資格が与えられ、地域共同体の一員として社会的な地位や権利が保障されるのである。「一人前」のめやすは、一定時間内に一定の仕事をこなす力量があるという技能的な側面と体力的な側面についても基準となるものであった。

「関門」としての一人前

この場合、「一人前」は、青年がめざすべき「関門」としての意味を持つが、信仰集団への加入や生産物の分配などの権利を得るために必要な基礎資格にすぎなかった。『子ども風土記』（一九四一）では、次のように述べている。

十五は昔から男が一人前になる年であったが、若い衆の資格が追々《おいおい》とむつかしくなっても、実際はまだ何年かの準備期間が必要であった。中老などと子ども組でいばってゐても、若連中に入っては使い走り、だまって追い回されてゐて一向に頭が挙がらない。彼らの側からいうと、ここでまた一回の努力がいるのである。

つまり、若者組加入後、数年の見習い期間があり、集団の中で相互に訓練し自己形成を図る必要があったのである。

それゆえ「関門」としての「一人前」は、まだ数年間の準備期間を要する通過点にすぎず、最終的な目標地点をめざして「一人前」の技量を習得しなくてはならない。青年は、労働や生活に関する技術・知識、日常的なコミュニケーション能力や社交辞令を含む「ものいうすべ」、人間関係や行動様式・道徳についての常識など、共同生活を営む上で必要とされる技量を総合的に学ぶ必要があった。それは、「一人前」として自立するために最小限度必要な能力であり、誰もが例外なく到達することを期待された目標であった。

また柳田は「親のしつけ」（一九三九）で、方言に「あら弱点を指摘する」形容詞が多いことに注目して、次のように言う。

殊に形容詞などは満座の人々が忽《たちま》ち共同の感じを抱いて、そんな、あんなを以て用を弁じ得る限りは作って置く必要が無かったのである。それが大体において人のあら弱点を指摘する側に数多く発達してゐたのも考へて見れば不思議はない。人からさういふ言葉を以て名づけられ、または形容せられぬやうに用心させるには、親も始終また、これを口にしなければならなかった。さうしてわれわれの教育の目途《もくど》は、そんな評の一つも適用せられぬやうな人並の者を作り上げるにあったのである。だから沢山《たくさん》のこんな言葉を寄せ集めてみれば、昔の理想の男らしさと女らしさとの輪郭は、段々とはっきりして来るのである。

この意味で、「一人前」とは、世間から「あら弱点を指摘する」語を適用されない「人並の者」であり、共同生活の必要から生まれた「美徳長所」を備えた人間である。さらに、これらの評価することばは社会集団において承認されたものであることから、一定の社会道徳や行動様式を身につけた人間をも意味するものであった。

②教育慣行

産育習俗

次に、前代教育では、「一人前」をめざしてどのような教育が展開されたのだろうか。『産育習俗語彙』（一九三五）では、通過儀礼を積み重ねながら子どもの生命を自分たちの仲間へと根づかせてゆく習俗の中に、子どもの生存権や発達の節目についての考え方を読み取り、子育てに対する大人の配慮や計画を指摘する。そして、当初は「小児生存権」という観点から産育習俗をみていたが、事例を積み重ねていくうちに、前代教育における人間形成を体系的に把握するようになった。後に、産育習俗は、経験から生み出された組織的な教育慣行として位置づけられることになる。

柳田は、「社会と子ども」（一九四二）で、「以前尋常の日本人が、人の一生といふものに就いてどういふ風な物の見方、考へ方感じ方をして居たらうか」と述べて、「元服前の人間が、一つの物の生命になって行く一つの階段」を明らかにしようとした。誕生前から成年式までの産育習俗を大まかに区分すると、以下のように、一一の節目に分けて通過儀礼が行われる。

①誕生以前「帯祝」…「帯祝」は、子どもの誕生を待ち受ける大人の側が育てるという決意や用意を表明するもので、妊娠三～七ヶ月頃に近隣に餅を配ったり、飲食の席を設ける（ウブイハヒ）。あるいは臨月に近隣の人を招き小宴を開く（デブルマヒ）。人々が飲食を共にすることで、妊婦や生まれてくる子どもに対して「精神的声援」を送る意味がある。この日から産神《うぶがみ》を祭りはじめる地域もあり、人間だけでなく、出産を司る神の援助も含めて子どもの誕生に臨むのである。

②誕生「産立飯」…出産後ただちに米飯を炊き、産神や産婦、新生児に供えるほか、産婆

を含めてなるべく多人数の女性に食べてもらう（ウブメシ）。その際、「一生繁盛するやうに、必ず一升以上の米を飯にして、食べつくすのがよいといふ所も東国には多い」。柳田は、「産婆によって人間界に引上げられたものが、既に人間になっている者と一緒に、共通のものを身体に入れて、そこで人間の仲間に入ったのだ、といふ承認を得たことになる」と述べている。「産の忌」による制限があり、男性は参加しない。「産立飯《うぶたてめし》」という儀礼も「帯祝」と同じく、産神も含めた多人数の力によって子どもの生命に対して送られた「精神的声援」である。

③三日目「着初め」…オクルミに包まれていた子どもは、三日目に袖のある簡単な着物に着せ替えられる（テトオシ）。オクルミは、「まだ人並の衣服を与へない状態」であり、「次第に本式に入って行く階段として、わざと不完全な又特別のものを給するのが趣意」である。柳田は、「衣服の方面から見て行くと、生まれたばかりの赤子にはまだ人並の待遇を与へず、日を重ね順序を踏んで少しづゝ、自分たちと同じ生活につれ込まうとする趣旨が、かなり明確に察し得られる」という。「着初め」は、衣服を改めて、目にみえない発達の節目を可視的なものに変換し、周囲に知らしめるという意味がある。

④七日目「名付祝」…産屋の忌みが明けると、子どもの名前を披露して世間にその生存を承認させる（名開き）。この時、生みの親以外のオヤ（名付親）を頼むことがある。それ

は、「名は人間の生涯の開始であって、是あるが為に始めて一個の存在を認められる」とする考えに基づき、命名を済ませた子どもの生存を周囲に告知して、「一人前」に育て上げる意思を宣言する意味がある。

⑤七～百日目「初歩き」…「初歩き」には、村の神社に参拝に行くもの（ウブマイリ）、井戸や便所など幼児にとって危険な場所へ参るもの（オヘヤマイリ）、親類まわり（ケライユキ）がある。宮参りは、「この子は育てる子どもである、大きくなって村人になる子どもであると云ふことを氏神様にも、近隣故旧の間にも承認して貰ふ儀式」である。これらの行事には、氏神様に参って子どもの泣き声を聴かせたり、親類縁者を招いて会食をしたり、子どものために新しい関係を作り出す意味がある。特に、生命を脅かす「眼に見えぬ害敵」から子どもを守り危険を防御するために、井戸・便所・橋・漆の木など、「小児には怖《おそ》るべき危険の潜む場所」に参ることが「初歩き」の本来的な姿である。

⑥百日「喰初」…子どものために新たに膳や食器類を調製し、形式的に少量の飯粒を食べさせる（ヒトツブグヒ）。これによって、「母乳以外のものも共に生きる用意があること」を産神に示したのである。

⑦一年「初誕生」…一年目の誕生日には、餅をついて近隣に配り、子どもに餅を背負わせて歩かせたり（モチオイ）、餅を踏ませたりする（モチフミ）。ウチタオシノモチの行事で、

早く立ち歩く子どもにはわざと餅をぶつけて転ばせるという。子どもの成長が早いことは、一つずつ順番を追って押えるべき発達の節目を飛び越しているとみなされ、ノーマルではないと考えられた。また、そろばんや筆、物差しなどの道具をいくつか並べておいて子どもに取らせ、子どもの将来の職業を占う地域もある。

⑧三～五歳「髪置き」…三歳になると、外見上大きな変化を伴う儀式が行われる。四つ身衣を着せて帯を結ばせ（ヨツミイハヒ、オビハジメ）、同時にまた、髪を結いはじめる。これは、子どもとしてまた一つの区切りの意味を持っている。それ以前は、ひもつきの簡単な着物であったが、四つ身衣と帯という形式は、小さいながらも大人と同じ形の着物を身につけることを意味し、それだけ人間界に近くなったと考えられた。

⑨七歳「氏子入り」…子どもが七歳になると、神参りをさせる（ナナツゴマイリ）。特に男児の場合は、あらためて神に近づく儀式を行う。男児は、後日、「祭りに仕へる資格ある村人」となるために、「神の承認を受けて置く」必要があると考えられていた。七歳は子供にとっては大きな節目であり、これを境に子ども組に加入して年中行事に参加するなど、地域社会の公的な場面での役割や出番が与えられるようになる。

⑩十三～十五歳「トウサギ祝」…地方により異なるが、一般に、十三歳頃になるとおばにあたる人から、男はフンドシ、女はコシマキを贈られる（フンドシイハヒ、ユモジイハ

ヒ)。この行事を済ませた男女は、身体的には大人になったとみなされて婚姻が可能になり、「あらゆる方面から家の付属物としての待遇から抜け出し、親と子と同じやうになる」のである。

⑪十五歳「成年式」…多くの場合、成年式が若者組加入の時であり、十五歳になると「一人前」とみなされて、生産物の分配が一人前分もらえるようになる。もとはこれを境に、「前髪を取り、肩上げを下し褌《ふんどし》をかゝせ、名前を変へるなど」外形的変化を明瞭にした。

社会的な承認の手続き

これらの儀礼は、子どもを社会の一員として承認してゆく社会的な行事であると同時に、子どもの生存権を確実にするための手続きであり、また子どもの発達の節目に対応した成長を確認するための「関門」でもあった。柳田が産育習俗として注目した通過儀礼からは、通過儀礼が持っている教育的な意味について次のことが指摘できる。

第一に、柳田は、産育習俗の持つ「小児生存権」を承認する機能に注目した。前代教育では、「帯祝」「産立飯」「着初め」「名付祝」「初歩き」など、子どもを育てることを世間に公表する行事を何度も繰り返す。「帯祝」をして育てる決意を表明することにはじまり、「産立飯」で人間並みにする承認を行い、「着初め」→「名付祝」→「初歩き」という順序を踏んで仲間の一員として迎え入れることを承認してゆく。こうして社会的に生存権を認められた子どもは、引き続き、産育習俗のステップを一段一段踏まえながら、「一人前」への承認を受けていくのである。

第二に、柳田は、通過儀礼としての産育習俗が、経験の中からつかみ取られた発達の節目に重なることに注目した。前代教育では、通過儀礼を一つずつ執り行うことによって、「精神的声援」を送る周囲の大人が子どもの発達を認識し、今後も子どもの成長を見守り続けることを確認し合うのである。この意味で、柳田は、生存権を承認された子どもにとって、産育習俗が一種の「関門」の役割を果たしていたことを指摘し、その「関門」は、「何れも人間の今の力に相応した、誠にやさしい又親切な試験」であったという。そしてすべての子どもが落ちこぼされることなく「関門」を通過して、次の段階に移るべきことを期待されていたとみている。

誰もが通るべき「関門」である以上、一つ一つの儀礼を省略するわけにはいかない。それゆえ儀礼を発達の節目と見立てれば、子どもは発達の節目を一段ずつ確実に通過すべきものだという発達観に到達する。前代教育の教育目標である「一人前」は、誰もが到達することを期待された目標であり、そのような「一人前」へと至る階段によって、子どもの発達や成長が確認されてゆくのである。

③子ども観・発達観

成長の節目

では、前代教育では、子どもをどのようにとらえていたのか。また子どもの発達をどのようにとらえていたのか。そこには、どのような教育観念が存在したのだろうか。

すでにみたように、妊娠時からはじまる産育習俗は、特に生後一年間に行事が集中しており、次いで七歳と十五歳に大きな節目があった。これは、人々が、七歳と十五歳を成長の節目とみていたことを示すものである。例えば、「七つ以前は神のうち」という口碑《こうひ》は、七歳の節目を境に子どものとらえ方が改まることを示している。柳田は、産育儀礼の開始と共に産神を祭りはじめること、生後一年間に行われる「産立飯」「名付祝」「初歩き」「喰初」などが産神を意識した儀礼であることに注目し、七歳以前の子育てが人間と神との共同の仕事であると考えられていたことを明らかにした。

小児死亡率の高い時代には、子どもは生命の危険にさらされることが多く、不安定な状態に置かれていた。そこで七歳以前の危険な時期を過ぎれば一応は人間の側にあると考えて、あらためて氏神参りをして氏子入りをさせ、この時から「一人前」をめざす教育が開始されたのである。例えば、氏子入りの済んだ子どもをヤツオトナと呼んで七歳以前とは待遇を改める習俗や、七歳以後はこいのぼりを立てない習俗（タテアゲ）に示されるように、大人の側に子どもに対するまなざしの変化がみられる。

このため、七歳以前の時期は、まだ「一人前」を意識した教育の対象とは考えられておらず、子どもが学び取ることを特に制限もせず自然に任せておく。ここには、まだ神に近い存在の子どもには、自然な自己形成力が備わっているとみなす子ども観がある。

子どものことばや遊びに関する語彙をまとめた「児童語彙」（一九三五）では、子どもがことばを獲得する過程に注目し、ことばが発達する段階があること、それに併行して遊びの方式が内から外へとしだいに高度になることを指摘する。異年齢の子ども集団の中で、遊びを通してことばやカンの養成を行い、子どもの自修能力が培われてゆくのである。柳田は、子どもが自分の目や耳から積極的に学ぶ「見習ひ聞覚え」を通じて体験を積み重ねる教育方法に、前代教育の特徴を認めている。

こうして七歳の節目を無事に通過した子どもは、未来の「一人前」として扱われ、大人からのさまざまな教育的はたらきかけがはじまる。子どもは、自修能力をはたらかせながら実地に労働訓練を積み重ねて学んだり、子ども組に加入して集団で行動する中から社会生活の規律を学ぶのである。柳田は、前代教育の方法を成り立たせてきたものとして、①子どもには生得的な自修能力が備わっているとみなす子ども観、②大人の側の計画や配慮によって子どもの自修能力を尊重して育てようとする教育観があったことを指摘する。

群れの教育力

柳田は、「昔の国語教育」（一九三七）において、学校がなかった時代の言語習得の仕方を解明した。そして子どもの群れが持つ教育力に注目している。

新入の小児は全身を耳と目に打ちいれて、じっと場合と言葉との吻合《ふんごう》を観察しているのである。さうして十分にその心持を会得してしまふ迄は、何度でも聴いて覚えて、口には之を言はぬのである。時として言ひ損なひをすることもあるが、さういふ場合には可なり残酷に笑はれる。

つまり子どもは、大人の干渉がきわめて少ない子どもの群れで、各自の自修能力に依拠しながら相互に学び合うのである。柳田は言う。

技芸その他の別途の教育を見ても、現に手を執って教へさとし、又は長たらしく意味を解説するなど、いふことはめったに無い。それで居て大よそ年頃になれば、誰にも笑はれない一人前になってしまふといふのは、勿論《もちろん》仕事が平凡であって、特に図抜けた人物を期待しなかった為もあらうが、一方には子どもの本性を利用して、独りで自分で覚える習慣を斯《こ》ういふ風に守りたて、来た結果でもあるのである。

子どもが持つ自発的な学習能力は、言語の獲得に限らず、さまざまな学習機会に発揮される根底的なものである。柳田は、子どもが「外遊び」をする時期を特に重視し、子どもの群れでは、親による教育ではカバーできないことばや遊びなどの伝承が行われていたという。幼児は、「物々しい指導者や批評家」である年長児の言動を観察してそれを手本に学んだり、また年長児は、小さな子の世話を焼いたり教えたりすることを通して自分の成長を意識するなど、子どもの群れは双方にとって重要な役割を果たしていたのである。このように前代教育では、子どもは、生得的な学習能力を持った存在であるとみなされていた。

大人の計画と配慮

このような子ども観に立てば、子どもの自修能力を引き出し、発達させていくことが大人の重要な役割となる。しかし子どもの自修能力が重視されたとはいえ、子どもによる「無意識なる観察と模倣」のみで人間形成が行われたわけではなく、あらかじめ大人の側に子どもの成長や発達を助ける計画や配慮があったことを柳田は、「世間話の研究」（一九三一）において、強調する。

親が死ぬ以前に前の代から学んで居たものを、次に生まれてまだ自ら実験せぬ者の為に、役に立つか否かは其者の考へ次第として、兎に角愛情のたゞ一つの動機から、伝えて置かうとしたものが、我々の教育であり、本が無い時代には、是を皆口の言葉によって成し遂げた。

柳田は、口ことばによる教育として、昔の国語教育を解明する過程で出てきた、児童語、遊ばせ唄、昔話、諺《ことわざ》などの口承文芸に目を向けた。児童語や遊ばせ唄は、ことばの練習を通して内面的な感覚や連想を育て、昔話は生き方を、諺は印象深いことばを媒介に知恵を伝えるものである。柳田は、口承文芸の全国的な分布や地域的な一致に注目して、それが「親たちの計画」や地域社会の「共同の意図或は計画」に基づく自前の教材を意味することに気づいたのである。そして学校がなかった時代にも、親や地域の大人が協力して子どもを社会の一員へと育てあげてきたことを認識した。

この場合、大人の任務は、すべての子どもが「一人前」という目標に到達できるように条件整備を行うことであった。例えば、子ども組の行事を間接的に支援しながら子どもたちに活躍の場を与えたり、親や大人のまねをしたがる子どもの習性を利用して子ども用のほうきや水汲み桶、鍬《くわ》などを持たせて労作教育を行うなど、子どもの自発的な学習意欲や自修能力を活かす環境を用意することであった。

彼は、青年期にも、子どもの自修能力（＝「笑われまいとする努力」）を利用して故老たちの配慮に基づく教育が行われたことを明らかにし、時代により要求される内容に変化はあるものの、一人残らず「一人前」の力量を身につけるように育てることが、前代教育の目標とされたと考えている。こうして、前代教育法の背後に大人の計画や配慮を読み取り、「子供の本性を利用して独りで自分で覚える習慣」が活用されてきたことを指摘した。

このように、①子どもの自修能力と②大人の計画・配慮は、表裏一体をなしている。前代教育において、子どもが自修能力を備えた存在とみなされ、また大人の配慮が条件整備的なものにとどまったのは、その根底に、子どもに内在する力を自然に展開させようとする発達観があったからである。

④教育観

シツケの観念

産育習俗における通過儀礼の意味を考察して子ども観と発達観を掘り起こした柳田は、さらに前代教育の基底をなす教育観念（シツケ・コヤライ）を解明している。

「苗を苗代から田に遷して、一株立ちにすること」をシツケと呼ぶことに注目した柳田は、この語がしだいに「一人前にすること」にも使われるようになったと言う。そしてシツケが時代に応じて変化するものであるとして、「女性生活史」（一九四一）で、次のように述べる。

田舎では今でも弘い区域に亙《わた》って、苗を田に挿し種を畠に播《ま》くことを、シツケと謂って居ります。語の起こりは育てる・シトネルとも近く、手を掛けて自然に一人立ちの出来るやうにするといふだけの意味だったでせうが、後には強くなって打ったり叱ったり、父兄や主人が積極的に、世話を焼くことだけに限るやうにさへなりました。

すなわち、「手を掛けて自然に一人立ちの出来るやうにする」はたらきかけは、子どもの自修能力を重視するものと考えられるが、「打ったり叱ったり、父兄や主人が積極的に、世話を焼く」はたらきかけは、教え込みのニュアンスが強くなっている。柳田は、この変化が近世以来の「経済組織の展開」によるものとみて、特に家業につかない子どもを対象に行う親のシツケに注目し、シツケの観念の変化から教育観の変遷をとらえようとした。

シツケには、広義の社会教育ともいうべき世間のシツケとその予備教育である親のシツケとがあり、親のシツケは「外部の批判を標準に置いて」「個人と社会の調和」を円滑にするためのものである。子どもは、はじめは主として親のシツケを受け、後に世間のシツケを受ける。親のシツケが時と場合に応じて「実物に当たり未然に教へた」積極的な「指導教育」であるのに対して、世間のシツケは、各自が学び取る力に任せた「感化教育、浸染教育」であった。柳田は、「親のしつけ」（一九三九）で言う。

生家に留まって先祖の業を引継ぐだけならば単なる感化でも踏襲でも用はすむ、早晩外へ出て他人の飯を食ひ、家の援護の及ばぬところで大きくならなければならぬ者であるゆゑに、少しでもその冒険を危険少なく、痛苦を意外なものとせぬやうに早めに馴らして置かうといふ、親の愛情の現れであったのである。

このため教育方法が積極的になり、シツケが本来持っていた意味――子どもの自然な成長力を重視して必要な手助けを行う——が失われ、教育観にも変化が生じたというのである。

笑いの教育

このように、柳田は、親のシツケを近世以降の教育観の変化と関連づけてとらえているが、本来のシツケの観念は、家庭以外の場で行われる世間のシツケに原型的なものが残されている。世間のシツケでは、「笑《わらい》の教育」と呼ばれる訓戒方法が用いられるが、ここにはシツケの観念の特徴があらわれている。「笑の教育」は、共同作業などの際に笑わずにはいられない諺や譬《たとえ》によって欠点のある者を批評し、笑いの対象として孤立させることによって非を悟らせる訓戒方法である。柳田は、「昔の国語教育」(一九三七)で、次のように言う。

人を笑ふといふことは慎みの足らぬ行ひだが、人と共に笑ふことは必要であった。独り取り残されて笑はずに居るといふことは、自分が笑はれる場合でなくとも、淋しい頼りない状態であった。

このため、「笑の教育」には、当事者だけでなく、笑っている周囲の者にとっても、後日同様の失敗を繰り返させないように覚悟をさせる教育的効果があると考えている。この方法では、「あたりまへで無いことを言ひ又は行ったときに誡め又はさとす」ことが特徴である。前代教育では、「人の道の輪郭だけははっきりと決まって居て、それから逸脱しようとする者は咎められ抑制されても、其中での行動に甲乙は問はなかった」として、彼は、「人の道の輪郭」という一定の行動基準の存在を想定している。

したがって、元来シツケという行為は、社会において「あたりまへ」とみなされた行動様式を前提に、子どもの成長力に多くを任せておき、逸出する行為にのみはたらきかける軌道修正の機能がある。このような方法が前代教育において可能であったのは、次に述べるコヤライの観念が根底にあったからである。

コヤライの観念

コヤライは、「前に立って引っ張るのではなく、後ろの方に居て駆り立てて進ませやうとした態度」を示すものである。大人（＝教える側）は、常に子ども（＝学ぶ側）の背後で子どもを支え、助力する存在として位置づけられる。大人の役割は、子どもの自発的な学習能力を刺激するような興味を起こさせること、手本としてまねされることを意識して行動すること、時には意図的に役割を与えて社会生活に参加させること、であった。

柳田は、年中行事などに積極的に出番を与えて子どもたちを参加させることが、大人になるために必要な準備教育であったと、『子ども風土記』（一九四二）で指摘している。

正月小屋の中では、おかしいほどまじめな子どもの自治が行はれてゐた。或は年長者のすることを模倣したのかも知れぬが、その年十五になった者を親玉または大将と呼び、以下順つぎに名と役目とがある。去年の親玉は尊敬せられる実力はなく、これを中老だの隠居だのといってゐる。指揮と分配は一切が親玉の権能で、これに楯つく者には制裁があるらしい。七つ八つの家では我侭《わがまま》な児でも、ここへ来ると欣々然《きんきんぜん》として親玉の節度に服している。これをしおらしくもけなげにも感ずるためか、年とった者は少しも干渉せず、実際にまた一つの修練の機会とも認めていたようである。

柳田は、親元を離れて子どもだけで小屋に寝泊まりすることに注目し、日常生活とは異なる特別な空間と時間とを用意してやることに意義を見い出している。大人の干渉しない場を設けることは、家庭では得られない教育や、印象に残る経験を積むことを可能とする貴重な機会でもあった。こうして子どもの自発性を抽《ひ》き出しつつ、子どもにそれを意識させずに助力を行うことがコヤライの観念の本質である。この意味で、コヤライには、生きた手本としての群れが必要とされ、集団に依拠しながら人間形成が行われてきたのである。

柳田によれば、コヤライには、子どもの成長力を尊重して「独りで自分で覚える習慣」を培うことをめざす広義のコヤライと、親が子どもを「一人前」にするために世間へと突き放す狭義のコヤライとがある。特に、世間への突き放しは、親にとっては精神的な子離れを、子にとっては大人への自立を促すものである。柳田は、「四鳥の別れ」（一九四四）で言う。

人を成人にする大切な知識の中には、家では与へることの出来ぬものが実は幾つもありました。そういふ点については世間が教育し、又本人が自分の責任で自修したのでありまます。ヤラフといふのは何か苛酷のやうにも聞こえますが、どこかに区切りをつけぬと、いつまでも一人立ちが出来ぬのみならず、親より倍優りの者を作り上げることも出来なかったのであります。それも世の中がたゞ少しづゝ、氷河のやうに移って行く場合ならば、大体に親の経験を相続し、親の歩んだ足跡を踏んで居ても、同じ結果になったかも知れませんが、是からはもうさうは参りません。子どもには彼等の時代があり、又彼等の活き抜かねばならぬ人生があって、それは屢々《しばしば》我々の想像を超越したものであり得るのであります。

成年式を経て「一人前」と承認された子どもは、若者組に属して「仲間どうしの切磋琢磨」や故老による教育を受けながら、「一人前」をめざして自修自得していくことを要求されたのである。柳田は、前代教育では、特別に子ども用を設けずに「総体に児童自身の能力で学び得るものだけは皆学ばせやうとしたことが、ちやうど乳以外はすべて親々と同じ食物を、咬《か》めるだけづゝ皆食べさせたのと同一方針でありました」と指摘するが、これが子どもの自発的な契機に多くを任せるコヤライの特徴である。

大人による干渉

柳田は、シツケの観念が近世に至って変化したのと同様に、コヤライの観念にも変化があったことを指摘して、「女性生活史」（一九四一）で、次のように述べる。

遊戯でも歌謡でも、又食物のやうなものでも、特に児童用といふものゝ用意せられるやうになったのは、社会文化の一段の進境であります。たゞそういふ中では昔話が、最も彼等を愛撫する人々、即ち老翁老婆の管理する所であった為に、ちやうど固い食物を噛んでくゝめるやうに、幾分か余分の親切を以て、消化しやすく加工することが必要と認められて居たのである。（中略）さうして後々は之に反して、やゝ不必要なまでの選択と干渉とが始まったのであります。

すなわち、子ども用に加工する必要を大人が感じるようになった点に、それ以前との明確な違いがあらわれている。これは、子どもの自修能力に対する大人側の認識の変化——子どもが自力で学び取る力を越えた世の中が出現してきたという認識の発生——を反映している。親のシツケが「親の愛情の現れ」を動機としてはじまったように、社会事情の複雑化により「気長に待っては居られないやうな色々の事」を教える必要が生じ、「幾分か余分の親切」「や丶不必要なまでの選択と干渉」がはじまる。このような教育観の変化は、子ども観の変化にも連動し、「指導する教育」のもとでは、子どもの自発性や自修能力が軽視されるようになり、大人の側からの教え込みに力点が置かれることになったのである。

6　教育の習俗研究の意味

教育の習俗研究は、柳田の教育観の進化に伴い、一九三〇年代を通じて進展させられてきた。次に、当時柳田が教育の習俗研究を行って、①教師たちに前代教育の歴史を知る必要を訴えたこと、②前代教育を批判の軸に近代学校教育批判を展開したことの意味を検討する。

前代教育研究とその効用

すでにみたように、教育の習俗研究は、今後の教育計画に必要な視点を獲得するためのものであった。その際、教師自身が歴史を知って自主的な教育改革を行うこと——現在の教育のどこに問題があるのかを知り、いかに改革してゆくかを考えること——が、教育の習俗研究の目的とされた。

そこで、「村及び村落に就て」（一九三九）では、歴史に描かれなかった人々の教育的な営みも含めて教育史をとらえ直そうとする。柳田は、寺子屋から教育の歴史がはじまるとする見方に異議を唱え、寺子屋以前の教育＝前代教育の歴史から、平民が持ち伝えてきた教育力や計画、「時代に適した改良」のあとを知ろうとした。そして現在は何が欠けているか、かつては何が備わっていたかを問い直す作業を通じて、学校教育の問題点を認識し、改革の方向を探ろうとする。この観点は、彼が教育の問題を取り上げる際には一貫している。

「社会と子ども」（一九四二）では、ヤラフ・スエル・ヒキアゲル・トリアゲルなどのことばに注目して、育てる・育つ・「一人前」になることの本来的な意味について考察している。柳田は、「このトリアゲルとかヒキアゲルとかいふのは、生まれたものを霊魂界から人間の世界に引上げることを意味し…」、「産み落とされたものを取上げるといふことは、元は一つの大いなる援助と、認められて居た時代があった」、「スエルは元来『在らしめる』ことを意味し、（中略）生れ子をスエルといふのも、人の中に加へるといふ意味に解してよいやうである」と述べる。

つまり「育てる」とは、大人側の「大いなる援助」を前提に、子どもを「人の中に加へる」ことを意味した。柳田は、産育習俗の研究から、①自修能力を具えた子供を背後から見守り、助力するコヤライの観念と、②自然な成長の道筋から逸脱した時に方向づけを与えるシツケの観念をつきとめた。そして人々が伝承してきた教育が、近代以降の社会変動によってどのような影響を受けたか、また近代的な学校教育に欠けているものは何か、という問題を教師自身に考えさせようとしたのである。

例えば、前代教育で遊びの伝承や言語習得の場であった子どもの群れは、小学校の出現によってどのように変容したか。柳田は、「昔の国語教育」（一九三七）で、学齢期の子どもが抜けた後、群れの教育力が著しく弱体化させられたことを指摘している。そして、学校には、子どもの内在的な成長力を中心に育てるという教育観念が欠けている、子どもたちが生きにくくなるような教育は改めなければならない、と問題提起した。

義務教育といふ語の意味は、其期間の日中だけ、他の必要なる家庭郷党の教育の全部を排除することでは無いか。自ら代って前代人の熱心に行い来たったものを、継承するだけの用意も無くして、徒《いたず》らに義務教育の拘束期間を延長しやうなど、いふのは、何といふ無責任なことであらうか。六年も各人の少年期を独占して置きながら、尚効果の挙がらぬのは教育の手段が拙劣なためである。先づ第一に其手段を有効ならしむべきである。仮に今日の実情を続けていたら、大多数の常民等は義務教育の延長によって、愈々生き難くなることは確かである。

このように、柳田は、前代教育の歴史を提示して、教師たちが認識を改め、教育に対する主体性を回復し、自主的に教育改革に取り組むことに期待していた。

近代学校教育批判

教育の習俗研究に着手した一九二〇年代の半ば頃、柳田は朝日新聞の論説委員として、普通選挙に対する公民教育、中等教育改革、学校における軍事教練、青年団・青年訓練所など青年の組織案、義務教育年限延長に伴う師範教育改革問題等、教育問題にも並々ならぬ関心を寄せていた。これまで、論説委員時代の柳田が教育問題をどのようにみていたかという点は、あまり注目されてこなかったが、この時期、彼が制度としての教育の問題点をどのようにとらえていたのかをみておきたい。

柳田は、学校教育の問題点を次のようにとらえていた。第一に、学校教育の機能について、国家に有用な人材の育成・分配など、国民形成のために設けられた機関であって、学習者に必要な教育を保障するための機関ではないこと。第二に、学校教育の目的について、「一人前」の生活者を育て上げるという観点が欠けていること。第三に、学校教育の方法について、教科書の知識を教え込むことが中心となり、実習や訓練などから実地に体験して学ぶ教育が不足していること。第四に、学校教育の内容について、画一的な内容で、学習者の需要を考慮したものではないこと。

柳田は、「文部大臣の責任」（一九二五）において、少数の進学準備者に適した教育（＝普通教育）が、学校教育の標準とみなされてきたことに異議を唱えている。

全国大多数の小学校を挙げて、一部やや資力ある者の子弟の予備教育場に充て、他の一半の利害を犠牲として顧みず、しかも暗記暗唱の課程を以て、可憐の少年を強迫しつつあることは、是そもそも何であるか。

義務教育以降も、進学準備者のために多数者の教育要求が無視されてきたことを問題にした柳田は、普通教育における「普通」の意味を問い直し、実生活に基づく実用的な教育を保障することこそが普通教育でなければならないと考えた。

そこで、学校の教育機能を限定してとらえ、学校では得られない部分を他の教育手段で補充すべきであるとして、多数者の需要に基づく教育の実現を教育改革の目的としている。そして「一人前」という観点から学校教育をとらえ直し、学校教育が「俸給生活者の準備」にすぎず、「何になるかを定めない者の教育」であると指摘した。すべての国民に学校教育を強制する以上は、実生活に必要なことを教えて教育を「実際化」しなければならない。それゆえ義務教育年限延長問題に対しては、「一人前」を育てるという観点からこれを批判し、形式的な年限延長よりも「内容の充実」が必要であると主張した。

教師による教育改革

また、「都市住民の感覚と気風とは、比較的学校教育に代表せられ易いやうだが、土地々々の農民漁民たちが古くから持ち伝へて居るものは、普通には一小部分しか小学校には反映して居ない」と述べて、人々が「古くから持ち伝へて居るもの」が学校教育に反映されていないことを指摘する。その一因として、教師の養成に注目している。「市の教育権の承認」(一九二六)で、次のように述べる。

いはゆる土地の実情に通じた教員を養成することは、決して大都市ばかりの必要ではない。平野遠く連なる大陸の国などとは違って、日本の生活事情は島毎に、盆地毎に相異って居る。千篇一律方針の非なることは、早く理解者ある農村の教育において認められたが、その点は漁業水運、乃至《ないし》は林業鉱山を根拠とする土地も同じことで、その区々の要求に適応するためには、府県を一単位とする現今の師範教育すらも、既に不十分を感じて居る位である。

つまり、多様な「土地の実情に通じた教員」を養成することを主張し、「その区々の要求」に応じた教育内容を教師自身が作り出さなければならないと考えたのである。その際、威力を発揮するものが「郷土研究」であった。

このように、柳田は学校教育の問題点を指摘しているが、これは、前代教育の歴史を考慮せずに制度化された義務教育に対する批判である。柳田は学校教育が不要だと述べているのではなく、学校教育が人々の期待に応えてゆくために、「一人前」の生活者を育てるように改革する必要があると主張したのである。とはいえ、義務教育段階で教えるべき「一人前」の要件を構成することは、それ自体が困難な問題である。

だが、社会の一員として、全員が共通に備えておくべき諸力というものがあるはずである。

その時代、その社会にとっての「一人前」の基準は、経済組織や生産技術、生活様式の変化との関わりで絶えず作り替えられてゆくべきものである。それゆえ柳田は、学校教育の「空隙」を知るために前代教育の歴史に学ぶべきことを強調したが、前代教育にも不十分な点があることを認識していた。

このため、学校教育の改革に際しては、旧弊を乗り越え、現代に欠けているものを補い、または新たに作り出すべきだと考えていた。一九三〇年以降、柳田が、学校教育改革への視点を持って歴史教育や国語教育を重視し、歴史的な思考力や主体的な言語能力の育成を主張したのも、これらの能力が誰にとっても必要な能力だと考えていたからにほかならない。そのような誰もが必要とする能力や知識を獲得させる場を与えることが、義務教育の役割でなければならなかったのである。

おわりに

柳田は、農政学から民俗学へと自らの学問を展開させながら、一九二〇年代の後半頃より、主体性の基盤をなす文化やことばへの課題意識から前代教育について語りはじめる。そして教育の習俗研究を進める過程で、新しい条件の中で制度としての教育に何が必要になるか、いかに実現するかを模索しようとした。また、学校教育改革をめざして前代教育の観念を解明したり、国語教育の効果調査を行うことを自らの学問の課題として設定してゆく。

日本民俗学の入門書でもある『郷土生活の研究法』（一九三五）では、「教育の実際化」の問題それ自体が民俗学の課題とされ、さらに「村及び部落に就て」（一九三九）では、「もっと広い意味における教育」を知るために必要な前代教育の歴史の解明を民俗学の仕事として位置づけている。ここには、教育の習俗研究を通して前代教育を解明し、それを比較の軸として学校教育の「空隙」を発見して、教育改革への視点を得ようとする課題意識が貫かれている。

こうして教育の習俗研究は、単なる平民生活史の解明に終わることなく、人々が保持してきた自前の人間形成の歴史として、柳田の学問の重要な柱を形成するに至る。この教育の習俗研究は、続いて検討する国語教育構想や歴史教育構想（後の社会科教育構想）と併行して展開されたものである。このことは、柳田の学問が国民の主体形成の問題を中心的な課題として設定したことを意味している。

第二章　国語教育の構想

――「考へる言葉」を育てる国語教育――

はじめに

第一章でみたように、柳田は、一九三〇年代以降、前代教育を比較の軸としながら学校教育に対して改革を求める意見を述べはじめる。特に国語教育については、言語能力の土台を形成する話しことばを重視して、国語史研究に基づく意見を展開する。また、戦後は、実際に国語科や社会科の教科書編集にも関わっているが、その際に展開された意見には、この時期に主張したことが一貫していることがわかる。

当時は、自らの学問として国語史研究に取り組み、国語改良や国語教育に対して重要な視点を提供していた。彼の国語教育構想は、一九三九年に出版された『国語の将来』に収録されている。『国語の将来』の内容構成を以下に示しておく。

・「著者の言葉」
・「国語の将来」（一九三八年八月）國學院大学夏季講演
・「国語の成長ということ」（一九三六年一月、二月）『ローマ字世界』
・「昔の国語教育」（一九三七年七月）『岩波講座国語教育五』
・「敬語と児童」（一九三八年十月）『国語・国文』

・「方言の成立」（一九四〇年一〇月）『安藤教授還暦記念論文集』
・「形容詞の近世史」（一九三八年五月）『方言』（終刊号）
・「鴨と哉」（一九三八年五月）日本言語学会講演
・「語形と語音」（一九三八年九月）國學院大学方言学会講演
・「国語教育への期待」（一九三五年四月）初等国語教育研究会講演

『国語の将来』では、①普通教育としての国語教育改革の問題と②国語改良の問題を取り上げており、国語改良の問題は、ことばが変化してきた歴史を参考に国民自身が解決すべき課題であるとみなされていた。このため「国語史論」（一九三四）では、国語改良や教育改革に前提を与えるものとして、「生きてゐる言葉」である国語の歴史を解明する学問＝国語史研究を教師が行うべきことを強調していた。

そこで、この章では、前章でみた柳田の教育観の展開をふまえて、戦前から戦後に至る柳田の国語教育論と国語史研究に注目する。そして、彼がどのような立場から国語教育に関心を持ち、学校の国語教育を批判したのか、彼が一貫して主張し続けた国語教育構想とはどのようなものだったのか、また、戦後関わった教科書編集の際に、戦前教育の問題点をどのようにして乗り越えようとしたのか、についてみておきたい。

1　ことばへの関心

新たな視点

柳田のことばに対する関心は早い時期から存在した。『後狩詞記』（一九〇九）では、地名や猪狩の用語や生活用語としての方言に注目し、方言を資料として「古日本」の生活習慣や観念・思想を探究しようとしていた。また『遠野物語』（一九一〇）では、文字に書かれない伝承資料＝口碑として、民間信仰や伝説、精神生活などを明らかにしようと考えていた。こうして一九一〇年前後の時期には、方言や地名、口碑を資料として平民生活史を解明する方法を編み出しており、その後、この方法意識は「郷土研究」の方法論として位置づけられる。すなわち「旅行と歴史」（一九二四）では、口碑の比較から信仰生活を解明することができるとして、「日本人多数の過去の心」や「何を信じ何を恐れ何を愛し何を願って居たかとい ふ一般的状態と、その追々の変化」を知ることができると述べている。一九三〇年代に相次いで編纂される民俗語彙集も、この視点から民俗資料を収集、分類したものである。

そして一九二〇年代後半頃から、ここに新たな視点がつけ加わる。柳田は、一九二一年から二三年まで、国際連盟で常設委任統治委員会の委員として活動し、①委任統治領の生活と福祉に関する問題を担当したこと、②彼自身が国際会議の席上、ことばの問題で苦労したことなどを契機として、固有の文化や生活に根ざしたことばが主体形成において重要な意味を持つことを強く認識した。

報告書「委任統治領における原住民の福祉と発展」（一九二二）では、委任統治領の人々の本然に根ざした生活や教育について注目すべき意見を述べている。教育における「ことばの問題」と公用語の問題については、例えば、教育の場でフランス語を使わせれば、「伝えたい知識はフランス語だけで与えることができる」が、統治国のことばを公用語として強制すれば、人々が本来持つことばを奪い取ることになると批判した。

委任統治領の教育は、被教育者の保持する文化やことばの価値を尊重するものではなく、統治国による「あてがい扶持《ぶち》」の接ぎ木の教育である。この点が柳田の内部では、地域の文化や方言に根ざす在来の教育とは無関係に西欧の教育制度を移植した日本の現実と二重写しになり、ことばと主体の問題を自己の学問課題として意識するようになる。

「青年と学問」（一九二五）では、西欧人による善意の生活改良や教育制度の押しつけが、逆に原住民の生活力を弱める結果を招いたことを指摘する。この指摘は、上からの近代化によって推進された日本国内の文化政策・教育政策にもあてはまる。日本の国民は、委任統治領の住民と同様に、啓蒙・教化されるべき客体として扱われているにすぎない。誰のための教育か、誰のための生活改善なのかを根本から問い直す必要があったのである。

柳田は、後に「ジュネーブの想ひ出」（一九四六）で、国際会議の席上、ことばで苦労した体験を率直に語っている。

今まであまり気が付かずに居たが、私たちの横文字を読む速力は甚だのろい。少し念入りに呑込《のみ》まうとすると、もう半日はつぶれてしまふ。とんでも無い仕事を引受けたものだと思ったが、もともと日本に居た時のやうに、何にでも口を出すといふことは到底出来ない。

そして「自分の言葉」と異なることばでは自由に物が言えず、「言葉が根本の問題だということを、痛切に考へずには居られなかった」と述べて、当時は国連のエスペラント公認案にも強い関心を寄せていたことを明らかにしている。柳田は、自分の体験が決して個人的な問題にとどまるものではなく、統治国のことばを強制された委任統治領の人々や上からの国語統一によって方言を禁止された国民にとっても重大な問題であると認識していた。

そこで、一九二六年に水戸高等学校で行った講演「国語の管理者」では、次のように言う。

日本国の文化を、どの点から見ても一流とする為には、国民交通の最も主要なる武器を鋭利ならしめなければならぬ。自ら国語を軽べつするやうでは、次に来るものは、異国趣味に対する屈従だ。国語を愛育しようとするならば、先づ平素から心がけて、正しい意味の言行一致、即ち言ふこと、行ふこと、の間に矛盾なからしめると同じ様に、考へる言葉と説く言葉と書く言葉とをも出来るだけ相近づけて、思ひさへすればすぐに書け、又すぐに人に語れるやうにと力《つと》めて行かねばならぬ。

国語史研究への関心

こうして柳田は、一九二〇年代半ば以降、前代教育やことばの教育に関する研究を「郷土研究」の重要な課題とみなし、①学制以前の教育の意味や、②主体形成でことばが果たす役割に注目しはじめる。

第一に、前代教育に注目して国民の主体形成の歴史を解明しようとする。「地方学の新方法」（一九二七）では、「以前の世の農村の教育法」に着眼して、諺などの農民文芸や夜話《やわ》の教育的な機能に目を向けている。そして日常的な生活のことば（方言）が、「教育方法としての言語」の役割を果たしていること、道徳の教育や批判力の養成など生活者にとって必要な実地教育が、ことばを通して伝えられてきたことを明らかにした。特に「見習ひ聞覚え」

によって、自発的な学習能力を主体とした教育が行われていたことに注目し、子どもがことばを学ぶ過程に注目した。
第二に、子どもを「単語製作者」として位置づけ、子どものことばから新語が社会に承認される仕組みを考えようとした。

そんなら最初何人が之を組合はせて、子供に渡して使はせたかといふことが問題になる。新しい言葉の公認せられる理由は、恐らくは昔も今日の如く、少なくとも最初に之を用ゐた一団に於ては、意味といふより以上に心持がよく分り、ちやうど其社会の最も通常なる知識趣味感覚と、調和し得たといふ点にあつたであらう。（中略）単語は其発生の当初に於ては、必ず平易であり又自然であつたらうと思ふ。其時代の雰囲気を反映し得る力は、孤高特立の先覚者よりも、却つて思ひ邪《じゃ》無き幼童の方に多かつたかも知れぬ。さうして又実際其推測を立証し得る資料は、随分と豊富である。

柳田は、ことばの変化は無意味に起こるものではないとする立場から、ことばを改め、新たに生み出す動機を探究するために、子どものことばに目を向けた。そして月よみの唄や子ども用の神仏を拝む詞を収集する過程で、全国的な一致や分布に注目した。「シンガラ考」

（一九二九）では、新語生成に関与した子どもと大人の関係を考察している。彼は、片足飛びの児童遊戯を示す地方語が同じ土地でも少しずつ変化があることに着眼し、そこで子どものことばにあらわれた「子供の心の働き」に注目して、ことばが「始めて発生した時と場合」や、新語の生成を促した動機や必要を明らかにしようとした。

こうして柳田は、一九二〇年代を通して前代教育や子どものことばを研究することによって、国語が改められ、変化してきた過程を解明しようとした。このことは、国語史の主たる対象を多数者にとっての「生きてゐる言葉」＝話しことばに定め、書きことばによってではなく、話しことばによって国語史を構成しようと考えていたことを示している。彼は、ことばの変化そのものを国語史の対象とすることによって、そうした変化を促した人々のことばに対する主体性へとさらに関心を向けてゆくのである。

2　前代国語教育への課題意識

前節でみたように、柳田は、文化やことばと主体形成の関係に関心を深めたことにより、従来は無教育だとみなしてきた無名人の人間形成の歴史を解明し、そこから学ぶ必要を強く認識するようになる。そこで、一九三〇年代を通して、産育習俗・児童語彙に着眼し、教育の習俗や国語史を研究して前代の国語教育への理解を深めたことが、国語教育論の展開に重要な役割を果たしたことをみておきたい。

国語教育の下地

『岩波講座国語教育五』に収録された「昔の国語教育」（一九三七）は、学校のなかった時代の国語教育の歴史を明らかにしようとしたもので、子どもの自修能力や大人の側の配慮・計画等、広く教育の本質に関わる事実が提示され、柳田の教育観の展開を考える上で重要な意味を持つ。彼は、学校で国語教育ができるのは入学前に家庭や地域で「下地」ができているからだと述べ、「親と家庭の長者」や「郷党の故老」を「意識したる国語教育の管理者」と位置づけ、学校がなかった時代にも意図的なことばの教育が行われてきたことを主張した。

我々が児童を学校の国語教育に委託する以前の六年有余は、今でも決して空々寂々《くうくうじゃくじゃく》には過ぎて居ない。この期間の指導法は、乱雑無意識な様で実は目標があり、熱意があり、又個々の社会の系統への遵依《じゅんい》があり、其統一には世に伴ふ拡大さへ見られる。

そして、子どもがことばを獲得してゆく過程での発達段階に応じた特色を次のようにとらえている。

1．幼児期①　幼児期には、耳から聴かせることを目的とした児童語が、大人と共通のことばを覚えるための準備となっている。児童語によって、「必要なる一切の音抑揚、身振顔つき、眼の動き」など、子どもは目と耳から「活きた国語」の「最も適切なる用法」「根本の言葉の意味」を体得する。ことばが「意識に根をさし体験に養はれて、表面に顕はれ出る」までには時間がかかるが、ことばの意味・用法など、聴くことを通してことばを蓄える時期である。

2．幼児期②　また幼児期には、日常的には聴く機会のないようなことばを並べた遊ばせ唄を通して「新鮮なる観察の教育」が行われる。柳田は、遊ばせ唄が「理解した限りは全部が印象となって、永く心の裡《うち》に留まり、何かの折には外形の類似からも、又は感覚の一致からも、相互に連想を促し起すやうに出来て居る」ことに注目し、空想や連想から感性を養う「児童の言語知識を豊富にする方法」であると位置づけた。

3．外遊びをする時期　外遊びをするようになると、子どもは、赤ちゃんことば（＝幼言葉）を卒業し、子どもの群れの中でことばを覚えるようになり、使えることばの数が増加する。柳田によれば、子どもの群れには、学校教育でみるような「積極的の教授」はないが、各自が観察や体験を積み重ねて、「十分にその心持を会得してしまふ迄は、何度でも聴いて覚え」「思ふこと、言ふことゝ、最も相近い言語生活」を送っているのである。

4・青年期

青年期には、故老や同齢団など地域の教育によって一人前の言語能力（＝物言うすべ）を身につける。なぜなら、家庭の教育力には限度があり、「個々の実地に適応した物言ひ」は、外部の人をまねて修得する必要があったからである。柳田は、諺や昔話を通じて笑いを利用する言語能力の育成法にも注目し、「馬鹿聟《むこ》・おろか嫁の昔話」は、「土地で正しいとして居る言葉と、嘲《あざけ》り笑はる、間違ひの言葉とのけぢめ」を示すことを指摘した。特に、社交で使ふ「晴の言葉」は、「対《たい》社会の立場によって、一人々々の言ふべきことが、度毎《たびごと》に変って来る」ので、同じ語を口真似して使うことができず、「必ず自分のものにして、処理して出さなければ、本当の物いふすべとは言へない」のである。

このように、「昔の国語教育」では、学校がなかった時代のことばの教育の全体像が提示され、「義務教育の条件」（一九三一）の時点よりも、前代の国語教育が具体的に展開されている。背後には、一九三〇年代を通して、子どものことばや前代国語教育の研究が、彼自身の学問として蓄積されてきたという事実があった。こうして柳田の国語史研究は、前代国語教育の探究を経てさらに充実させられ、そこから得た知見は彼の教育構想に反映されてゆく。

「生きてゐる言葉」

「国語史論」（一九三四）は、一九三三年に長野県東筑摩郡教育会で講演したもので、国語教育の問題を考えるためには、国語史を研究して「生きてゐる言葉」の変化を知る必要があると主張する。柳田は、学校がなかった時代にも「方言の国語教育だけは出来てゐた」として、次のように述べる。

> 母の言葉や土地の言葉で遠慮無く云へる子供はよいが、偉い人の前に出ると喋言《しゃべ》れぬ子供を作る様な教育は残酷である。（中略）今日、人の心の中は益々細かくなって、農夫と雖も、感覚の複雑に成って来た事は、明治の頃と比較すれば何倍かに成ってゐる。然るに、何時も云ひたい事は云へないで、自分の云ふべき事をも云はないで、成人くなってしまふのは、国語教育の不十分な点である。

学校国語教育にこのような問題が生じるのは、小学校が、国語能力の一部（＝読み書き能力）の形成だけを担当していた寺子屋式文字教育を引き継いでいるからであった。

何《ど》う自分を言ひ表はす様に教へれば可からうか。それは、方言で素直に言ひ表はす様に教へれば可《よ》いわけではあるが、一方改まった言葉があり、それを言へなければ笑はれるのである。こんな風に言葉を二道に分けて教へ知らしめねばならぬ様な状態では、我々の悩みの解決には遠いと云はねばならない。（中略）何故上手な口語が直《す》ぐ演説にならないのであらうか。その大きな煩《わずら》ひとなってゐるものは雅俗の弁なのである。我々は此処《ここ》に於いても、方言の起源を人間の無知、無教育と考へる考へを捨てなければならない。

柳田は、「物の云ひ方の問題」である「雅俗の弁」に注目し、「自分の言葉」にはなりきっていない標準語と「自分の言葉」である方言とが対立している点に問題があるとみている。そして、口語で自由に自己を表現することができない国語教育を問題視して、「話をした時に人を動かす力」は、自分の感覚に裏打ちされたことばであることを指摘する。

我々は外国語を習っても、真に自分の言葉を表はす事は出来ない。（中略）言葉は、肺《はい》腑《ふ》から出、感覚から裏打ちされた場合に、始めて生きた言葉であり、自分の言葉であるのだ。我々が、平素自分の裏打ちされぬ言葉を使って居れば、それが既に外国語である。非常に大きな、問題の境目は此処であると思ふ。

このため彼は、自分の感覚に裏打ちされたことばを重視して、「自分の心に有るものを忠実に表はす様にさせること」「自由に心持を表現する言葉」の利用を完全にさせること、を学校の国語教育の役割と位置づけた。特に、学習者の内部にあるものを自在に表現するために欠かせない「自分の言葉」に注目し、「自分の言葉」で考え、表現する力を育てるために、国語能力の基礎になる話しことばの教育の重要性を強調したのである。

「考へる言葉」と「片言」

そこで、「国語教育への期待」（一九三五）では、最も重要な国語の機能として、内部の思考と結びついた国語の力を重視した。そして「個々の民族に賦与された国語の用法の中で、書くと読むとは後々の発明であり、元からあったものには言ふと聴くとの他に、考へるといふ一つがあってそれが最も主要である」と述べて、内部で考えたり感じたりする時に用いることばである「考へる言葉」に注目した。

柳田は、大多数の人々が「土語《どご》即ち母の語で物を考へる」ことを指摘し、国語教育において「人が心の中で使ひつゞけて居る日本語」を育てることを重要な課題とみなしている。なぜなら「学んだ言葉」では喜怒哀楽は表現できず、「相手に響く力」も弱いからである。それゆえ、「とにかく内に根のある語、心で使って居るものがそのまゝ音になったのを、心の外でも使ひ得るやうに是非させたい」と述べて、読み書き重視の国語教育が軽視してきた、聴く・話す・考える能力を培うべきであると主張したのである。

この観点から柳田は、「不完全な国語教育の産物」として、「うはべばかりの口真似」によって「心にも無いことを喋り散らさせ」る「片言」の問題を取り上げている。彼によれば、本来、片言の矯正は、方言を標準語に統一する運動とは区別されるべきものであったが、「地方の言葉」である方言と片言とが混同されたために、「方言を撲滅して新たに片言を増長させる」事態が発生したというのである。

そこで、教師は、「地方の言語の中から、片言と片言に非ざるもの、即ち狭い意味の方言とを選《よ》り分ける作業」を行い、「生徒をして思ふこと感ずることを、率直に且つ有効に表出させるやうに、さうして其自由を妨碍《ぼうがい》するあらゆる外部の原因を、排除するように」努力すべきであると述べている。その際、「現実にめいめいが内に思ひ心に感ずるもの」を的確に表示することができることばが、「正しい言葉」であった。

すなわち、片言を「最も精確に各人の言はうとする所」を表示する「正しい言葉」へと改め、「自分の言葉」、「活きた言葉」、「正しい言葉」を育てることが、国語教育の重要な役割である。柳田によれば、学校国語教育の問題点は、①「平日の入用」を軽視していること、②「活きた言葉」や「自分の言葉」を育てずに片言を言わせていることであった。この意味で、「国語教育の成功」は、「人が口でなり筆でなり、自分の言はうと思ふことがいつでも自由に言はれて、しかも予期の効果を相手に与へ得ること」でなければならなかった。

このため、借り物のことばではなく、各自が自由に使いこなせる「覚えた言葉」を豊富に育てるために、ことばを制限せずに「各自の判断によって正しい選択をさせたい」と述べている。このように、子どもがことばの選択力を獲得することは、国民の主体性の確立という課題にもつながると考えられていた。そこで、これらの問題点を克服するために、学校国語教育によってはカバーしきれない「空隙」を明らかにすることが必要になるのである。

3　学校国語教育の問題点と改革の方向

学校国語教育の問題点

柳田は、学校国語教育から欠落したものを探究するために、「旧式の教育方法」に注目し、学校国語教育の問題点として、次の三点を指摘する。

第一に、学校国語教育は、ことばの下地を覚える「国語教育の発足点」を無視していること。「昔の国語教育」（一九三七）で述べられていたように、学校がなかった時代においては、児童語や遊ばせ唄によって「幼児の耳と目の力」や「敏活な感受性」にはたらきかけ、「児童の言語知識を豊富にする」ことばの下地作りが行われていた。そして幼児期に獲得した言語知識が、子どもの群れによって管理され、成長させられて、必要なことばを作り出す表現力の育成につながることを柳田は指摘している。

第二に、学校国語教育は、普通教育としての国語教育の目的を考慮していないこと。柳田は、「後々の生活に、何が最も入用であり又具はらぬと不自由するか」と問いかけ、多数者の必要とする日常生活における言語生活の充実を普通教育としての国語教育が目的とすべきだと考えていた。このため、読み書き中心の学校国語教育が軽視している、聴く・話す・考える機能を国語能力の基盤とみなして、日常生活に不可欠な国語能力の育成を強調した。

第三に、学校国語教育は、読書によってことばを学ばせる「無理な方法」を採用しているため、不完全な「片言」を生じさせていること。柳田は、「外形的な模倣」（＝マナブ）と「絶間無く体験を積み重ね」る方法（＝オボエル）とを区別して、表面的な暗記ではなく、ことばの意味や用法を経験させることが言語習得の重要な要件であると主張した。このため地方人にとって「自分の言葉」である方言を制限するのではなく、方言も含めて使いこなせる語彙を豊かにしていくことが、思考力や表現力を育てるために有効となり、「多数の国民によくわかり、聴けば解釈を添へずとも直に心に響く」「覚えた言葉」を増加させ、「本人自身をして、自由に我貯蔵の中から選択せしめて見たい」と述べている。

このように、学校国語教育の「空隙」を解明する過程で、柳田は、①「国語教育の発足点」としての国語の下地作りの意味や、②生きる力としての日常的な聴く・話す・考える能力の重要性や、③「自分の言葉」を習得する要件として、体験を蓄積することの必要性を指摘したのである。

「借りた言葉」と「自分の言葉」

学校国語教育の教え方を改革するために、「国語の将来」（一九三九）では、日常的な生活用語＝口語が将来どうなるかを考えるべきだとした。柳田によれば、生活の中で使われている口語は、文章語に比べるとかなり微細な点まで分化している。ところが、学校国語教育は、「今まで五千の言葉を以て営んで居た生活を、三千の良い言葉で続けさせようといふ無理な教育」を行おうとしており、口語を制限しながら「生活上の必要」を満たすだけのことばを教えてはいなかった。柳田は、「今日の郷土研究」（一九三四）で言う。

話す言葉で話し手の感じて居ることを正直に運び出せないといふのであったら、どんな国語教育と雖もそれは失敗だといはねばならぬ。（中略）小学校の言語教育国語教育が、自然に言葉が統一され、馴致《じゅんち》される機会を待たずに、強ひて與へようとした傾向が余りに強過ぎたことは遺憾千萬であった。一分一厘でも田舎人の実際の要求と合はなければ、それは彼等の口を圧へたことになる。少しでも在来のものと喰違ふならば、それは彼等の表現に垣をしたことになる。

柳田は、学校教育が話しことばで行われていることに注目し、もし話しことばを制限すれば、「自分の言葉」になりきっていない「借りた言葉」で知識を学ばされる者は、余計な負担を強いられる点を問題視した。これは、国語教育の問題だけにとどまらない、教育方法としての言語の問題である。また学校で教える標準語は、多くの地方人にとっては、自分の感覚に裏打ちされた「自分の言葉」ではなく、外国語同様に借り物のことば＝「新語」にすぎない。

それゆえ、まずは、学校国語教育によって一方的に「新語」を強要され、内的な知能や感情の成長に応じて新しいことばを作り、選ぶ力を抑制されている状態を改めなくてはならない。そして国民自身が国語の変化に対する主体性を持つべきことが必要になると考えた。なぜなら国語の変化は、官府の力で統制できるものではなく、「結局は永い時と多くの人の力とを糾合して、重い物を動かすやうな忍耐を以て進まねばならぬ」ものだからである。

このため、柳田は、ことばの選択能力を養うことを重視した。そこで、ことばの選択に関して小学校五年生あたりに「境目」があることに注目し、聴いて知っているが自分ではまだ使わない「耳言葉」が急増するこの時期に、日常的に耳にしていることばで書かれた文章を読ませることが、子どもの注意を引き寄せ、ことばの選択能力を養うために有効であると述べている。

学校国語教育改革案

柳田は、学校国語教育を主体的な国語能力を培う教育へと改革するために、「国語の将来」（一九三八）において、以下の改革案を提示した。

第一に、聴き手・話し手の態度を改めること。「聴き手の寛容」が国語を不必要に変化させてきたと考える柳田は、聴き手には、わからないことはわからないと言う勇気を持たせ、話し手には、相手のわかるように話す義務があると述べている。このため、相手の理解が大前提となり、相手が理解できるように話す表現力が要求される。

第二に、ことばの知識に表と裏があることを教えること。柳田によれば、ことばを「自分の言葉」にするまでには「二段の手続き」がある。自分が使いこなせることば（＝表）は、聞いて蓄えておくことば（＝裏）の中に含まれているが、分量的には自分が使いこなせることばの方が少ない。自分で使えることばを増やすためにも、ことばの蓄えは多い方がよいというのである。

第三に、晴れのことば＝「言葉のよそゆき」よりも「毎日の言葉」を重点的に教えること。用途からいっても、「毎日の言葉」の方が重要であり、「未来の標準語」を借り物ではない国語にするためには、「毎日の言葉」として活用できるレベルまで身につけさせなくてはならない。この場合、彼は、晴のことばが不要であると言っているのではなく、「毎日の言葉」と晴れのことばを共に含んだ「ものいうすべ」の獲得をめざしていた。

第四に、「片言」をなくして「自分の言葉」を使うようにするために、ことばの選択能力を培うこと。「自分の言葉」としてことばを使いこなすためには、「経験」が必要とされた。そこで多量の「耳で聴いて置く言葉」を与えて、「経験」を通じてよりよい選択をさせ、「片言」を減らそうとしたのである。

第五に、「未来の標準語」を完成させるためにも、ことば作りの能力を養うこと。柳田は、学校で教えられる国語が表現手段として十分ではないと考えていた。このため的確な表現をめざしてことばを作り、必要に応じて選んで使う力を育成しなければならない。

こうして柳田は、国語教育論を通じて、体験を通して獲得した「自分の言葉」「生きた言葉」「毎日の言葉」「覚えた言葉」を各自に育て、「自分の言葉」としての「考へる言葉」で考え、表現する習慣を養うべきことを一貫して主張してきたのであった。

以上の国語教育への批判と期待は、いずれも教師に向けて主張された。これは教育を変革する力として、教師に期待を寄せていたことを意味する。このため、教師が普通教育としての国語教育の意味や学校国語教育の問題点を見極めるために、前代教育や国語史を研究すべきだと主張したのである。

方言矯正の弊害

柳田が「片言」の問題を取り上げたのは、「自分の言葉」や「生きた言葉」を自由に使いこなす力を培い、ことばに対する主体性を確立しなければならないという課題意識に基づいている。彼は、「最も日常的な、少しも用意の無い村内の口語」を「国語の本体」とみなし、大多数の国民は「標準語には対訳の無いやうな、種々なる感情の交換」を必要としている点を指摘して、「言葉を直すといふことは活き方をも改めることになる」と述べる。

そして学校国語教育が、目的を理解解釈（受信）のみにおいて、表現（発信）を軽視している点を問題視している。

故に根本に於て言語教育国語教育の理想を、理解解釈のみに置いて、満足なる表現といふことに置かなかったならば、その表現の圧へられ閉塞せられたものが、何処かに爆発せずには居られなくなるのである。

人が心の中で使う「自分の言葉」は、意識そのものといってよいことばであり、これを制限すれば、人々が内面で感じたり考えたりする認識作用までもが阻害されてしまうことになる。この意味で、方言矯正によって機械的に「言葉を直す」ことを通して、主体性の基盤をなす根源的な部分が抑圧され、「生活の機能の、或一部が閉鎖せられることになる」と主張した。

一九四〇年代になってもこの論調は変わらず、「教育と国語国策」（一九四三）では、地域住民にとっての方言の意味を問うている。

赤ん坊から爺婆《じじばば》まで、人はいつでも言葉一ぱいに活きて来て居る。思ひ感じ認めるといふことはあって、それに当てはまる言葉が無いといふ場合は、想像し難いといはうよりも、寧《むし》ろその一つ一つに言葉を割り当てるといふことが、我々人間に取っては思ひであり感じであり、又承認といふものであったのである。

そして「国語を教へるのは生活の為、否寧ろ国語が即ち生活を教へるものだ」と述べて、個々の地域社会に根ざした方言が、地域住民にとっては、生存の一部をなすような「生きた言葉」であり、内に根のある「平日物を考えている言葉」であることを強調する。

こうして柳田は、日常的な生活用語としての方言について、体験されたことば、「考へる言葉」、内にあるものを運び出すことばとしての機能に注目した。とりわけ「考へる言葉」は、人間が生きてゆく際に不可欠な言語能力の中枢にあって、主体性を内側から支える本源的なことばであると考えられていた。このため、植民地における日本語政策を批判して、母語（＝「考へる言葉」）による言語生活が歪《ゆが》められることを指摘した。

既に子供の時からの思ふ言葉を持つ者が、必要があって更に今一つの語を使はうとすれば、大抵の場合にはそれは暗記であり口頭の翻訳であり、又往々にして悪意なき不正直でもあり得る。

未来の標準語

つまり、強制的な国語政策によって母語による言語生活が歪められ、「思ふ言葉、考へ又は感ずる言葉」としての母語・生活語が抑圧されて、生活者としての主体性までもが奪われていることを問題にしたのである。

この点は、地域住民の「考へる言葉」を軽視して標準語化を推進する国語統一政策に対しても相通じる批判であった。国家の国語教育政策が「方言訛語《かご》の矯正」を方針としてきたことは、一九一〇年に制定された師範学校教授要目にも明らかであるが、一九三〇年代には、「国語愛護の念を培う」とする方針のもとに「方言訛語を矯正し醇正《じゅんせい》明晰なる国語の使用」が強調された。

これに対して柳田は、「最大多数の常人が心の内に持つものを、少しのこだはりも無く人に告げ得るやうに」することが、国語教育の任務であるとした。そして学校国語教育では、国民の「自己表現」が十分に考慮されず、標準語の分量が「現時国民の全般の生活を隈《くま》無く覆ひ尽すほどに豊富では無い」ことを指摘した。そして「国語とは何か、それがどういふ形で国民に利用せられて居るか」を考える必要があるとして、「国の言葉の分量をきめるものは、申すまでも無く生活上の必要である」と主張した。

このため標準語を普及させるためには、「学ぶ者をして先づ一語々々体験せしめ、常に標準語で物を考へる習慣を、養はせること」、つまり標準語を「自分の言葉」や「考へる言葉」にまで高めることが「絶対の条件」であるとした。この意味で、柳田は、自然な下からの国語改良をめざしており、人々が生活の中から体験を積み重ね、生活実感に根ざしたことばを

「未来の標準語」へと作り上げてゆくことが、主体的な国語能力の獲得にとっても必要であると認識されたのである。

柳田は、生活語としての方言を「未来の標準語の素材」とみなし、地方人が、ことばの主体として、自主的に必要に応じたことば作りや取捨選択を通じて、国語の改良に参加することを企図していた。そして「国民に穏健なる選択の術を教へ、何を急いで改革し、何を末永く保存すべきかを決めさせる為には、先づ多くのものを方言から学ばなければならぬ」と強調する。その際、ことばの歴史を知る必要がでてくるが、彼は、国語史研究が判断の材料を提供すると考えている。

柳田によれば、国語史研究によって、①「単なる一時の不用意もしくは濫用《らんよう》」と「元から具へて居た国語の成長力の、自然な展開」とを識別すること、②「国語の良い性質と悪い癖を、自由に批判する風を盛んにし、同時に今のやうになって来た原因を考えて見て、其研究から得た知識を公共のものとする」こと、③国民自身による「批判力の養成」を行い、「追々に幸福なる国語、完全なる国語といふものを形づくらせて、暗々裡《あんあんり》に今後の変化を指導すること」が必要になる。

4　一九三〇年代の国語史研究

では、国語史研究を通じて「未来の標準語」は形成されるのか。次に、一九三〇年代の国語史研究を概観して、柳田の言語生成観を見ておきたい。これまでにみてきた柳田の国語教育論は、『国語の将来』（一九三九）と同じ時期に併行して進められてきた国語史研究に多くを負っている。児童語彙や新語研究など国語史研究の成果が前代国語教育の歴史を明らかにし、国語教育論に重要な示唆を与えている。

①『蝸牛考』（一九三〇）における課題意識

新語生成のプロセス

柳田は、『蝸牛考《かぎゅう》』（一九三〇）において、カタツムリの異名（＝方言）を比較して、多様な呼び方が発生した（＝ことばが分化した）理由を考察している。

カタツムリという語を素材にしたのは、方言の分量が多く、ことばの生成過程の考察に適するからである。そして、カタツムリの異名の比較を通して、ことばが作り出され、選択され、発展させられるプロセス（＝「単語の生老病死」）を推理して「国語の成長」を解明しようとした。この場合、「国語の成長」とは、「古代日本語が現代語にまで改まって来た順序」を意味している。

柳田は、「現在一つの方言の活躍を支持し、殊にその流伝を容易ならしめて居る力は、同時に又其単語の新生を促した力であった」として、「命名の動機」が明らかで人を動かす効果が続く限り、新語にとって代わられることはないが、「命名の動機」がうすれて人を動かす効果が衰えると、符号と化して力を失うと述べる。この意味で、「方言の地方差は、大体に古語退縮の過程を表示して居る」ので、「単語の符号化」や「新語発生」に注目することにより、「方言の変化」から「国語の成長」を跡づけることができる。

柳田によれば、方言には、「目的とする物又は行為毎に、非常に顕著なる分量の相異」があり、方言の分量の多いものは、多様な系統の単語（＝異名）を持つ。このため各単語が支配力を持つ「方言領域」が同時に多数存在することになり、「方言領域」の接触面もまた複数併存する。複数の接触面においては、別系統の方言が数個併存したり、さらには複合形の新語が生成される。柳田は、これを「辺境現象」と呼ぶ。

こうした「辺境現象」を観察すれば、方言が変化する事情を解明することができると彼は考えている。この考え方に立てば、複数の「方言領域」で同時に通用する新語（＝標準語）は、複数の方言の中から生み出されることになり、柳田がめざす下からの自然な国語改良の構想に根拠を与えるものであった。

カタツムリが多様な呼称を持つのは、命名に子どもが深く関与していたからだと考えている。このため、「新語の製作者」である子どもの造語活動を通して「国語の成長」過程を考察しようとした。彼は、カタツムリの名称を観察することによって、「国語の地方的変化」の「根柢」を見つけ出すことができると考えていた。

そこで、カタツムリの唄や童詞《わらべことば》に注目し、新しいことばを承認する群れの役割について考察している。そして「結局時代々々の人の心に、最も興あるものが力強く生きる」こと、「古きを新たにせんとする心持、即ち国語の時代的変化を誘ふ力が、個々の小さな群や集落に於いても、割拠して又働いて居た」ことを指摘して、新しいことばを承認する群れの役割を明らかにした。

言葉の使い手による選択

また柳田は、「言語の文芸的進化」にも注目しており、「田舎にも今日の標準語運動と同じやうな、一種の雅俗観とも名づくべきものが働いてゐた」ことを指摘し、次のように言う。

古人が好い言葉又面白い言葉として、採って在来の言葉にさしかへるほどのものは、仮令《たとえ》我々の観賞からは眉を顰《ひそ》めるやうなものであらうとも、必ず其音なり形容の奇警なり又連想の新奇なりに、当時の人心を動かすの力があって、一回の選択は即ち又一回の技巧であった。

柳田は、各地の方言を比較して「僅かの語音の変化」によってことばを分化させてゆこうとする傾向を指摘し、新しい方言の生成は、「人の物言ひ考へ方の精確になると共に、少しでも言葉の数を豊かにしたいといふ希望の現はれ」とみている。というのは、ことばが改まるのは、ことばの使い手の側になんらかの形で「選択」があったことを意味しており、「其選択なり流行なりの根本」には、主体的な「批判し鑑賞し又採用する態度」があるからである。

つまり、ことばの担い手が選択能力を具えていたからこそ、ことばが変化したと考えている。この立場から、方言が一つの土地に必ず一つしかないという見方や「無識と誤解と模倣の失敗」によって「中央の正しい物言ひから離れて言った」とする見方に異議を唱えている。そしていかなる力によって方言生成が行われてきたのかを探究し、生活上の必要に基づいて、新語の生成や選択が行われてきたことを指摘する。

人と物との関係が濃厚又は密接になる程づゝ、いよいよより適切なる名が求められることになった。（中略）小児が蝸牛に対する場合も亦《また》、大人は省みないがやはり言語の最も活き活きとしたものを、常に選択して行く念願はあったのである。

こうして柳田は、ことばの変化を促す使い手側に主要な関心を向け、人々の主体的な改良を「自然なる言語の進化」とみたのである。

②『蝸牛考』以後の展開

『蝸牛考』の後も柳田は、音訛《おんか》事象の考察を通して新語研究を続け、この成果は、『国語の将来』（一九三九）に反映されたほか、『風位考』（一九四二）や『方言覚書』（一九四二）、『西はどっち』（一九四八）など、一九四〇年以降の著作に収録された。彼が『蝸牛考』で「国語の成長」を解明する手がかりとした、子どものことばと国語の地方的な変化は、それぞれ①児童語彙研究、②新語研究として、国語史研究の重要な柱として展開されてゆくのである。

児童語彙研究

柳田は、子どもの言語生活に注目して、遊びやことばの発達を解明しようとした。その際、「子どもと言葉」（一九三五）では、「だいたいに児童しか使わぬ語」を研究して、子どもがことばを習得する「順序」に注目した。そして子どもの造語に目を向け、「子供の世界の入用」が大人とは一致していないため、自分たちで言葉を発明しなかったら、不自由をしなければならなかったと考えて、子どもが新しいことばを考案する能力を重視している。

「幼言葉分類の試み」（一九三七）では、子どものことばが成長と共に変化することに注目し、ある年齢になると集団で遊ぶようになり、「言語生活の方式」が一変することを指摘する。そして各地に子ども専用のことばが分布していることを指摘し、「どれも皆言ひやすい、聴いて快く理解の出来る単語」「よくよく教へ易い又覚え易い単語」であったと述べている。

さらに、子ども専用のことばを比較して「自然の選択の方向」が子どもの要望を示すことを考察した。そして児童語彙の「強い生活力」に注目することが「今後の幼児教育の為の、貴重なる参考」「初歩の国語を教える方たちの、大きな参考」になると主張する。こうして柳田は、子どもがことばを獲得する段階や教材になることばへの理解を深め、新語研究の成果とも関連づけて、前代国語教育の歴史を明らかにした。

特に、外遊びをする子どもの群れで「思ふことゝ言ふことゝ、最も相近い言語生活」を送る時期に注目し、「子供だけで手短な意味の深い言葉を色々とこしらへて居た」「活発なる言葉造り」を「国語の発達史の上からも、大きな参考になる事実」とみなしている。柳田によれば、子どもの造語は、「多くは共同の遊戯の純一境《じゅんいつきょう》」から発生する。それは、「才能ある一人の考案といふよりも、群の意向の誰とも知れぬ者の代表、即ち模倣といふよりも承認」によって流布され、「最も適切なるもの」が採用される。

また、子どもの造語には「一定の制約」があり、この点を研究することが、「初期の国語教育が昔は主としてどの方面に働いて居たか」を解明する際に手がかりになるとした。そして子どもの造語が児童語・遊ばせ唄・手鞠唄《てまりうた》などの「言語体験」に基づくことを明らかにして、「遊戯はまた大切な彼らの国語教育だった」と指摘する。このように柳田は、子どもがことばを獲得する過程についての考察から、さらに国語史における「時代に適した改良」や「新たなる発明」としての新語の歴史にも目を向けていくのである。

新語研究

新語研究を通して、ことばと主体との関係に対する認識を深めた柳田は、当初は、新語を生活の必要から生み出されたことばとして積極的に評価し、人々がことばの使い手として生成に関与してきた点に主体性を認めようとしていた。「国語史論」（一九三四）では、次のように述べる。

何故変わったかと云ふと、それは変る必要があったからだ、と云へる。文化が不必要に変る事は認められない。善くなったか何うかは価値学の方の問題であるが、とにかく変るのは生活の必要上からである。

ところが新語の歴史を解明するにつれて、ことばの「外形的な面白さ」によって「心にも無いことが言ひたくなる癖」があることに気づかされる。そこで「国語史新語篇」（一九三六）では、以下のように述べる。

歌謡辞令の特殊の約束から、何か新しい好みを掲げようとする以外に、人が時あって変化そのものに興味を持ち、単なる形の長短や音の組合せ、乃至は連想のをかしさなどに心を惹《ひ》かれて、斯様《かよう》にまで気軽に色々の新語を、受入れようとして居たことは知らなかったのである。

柳田は、新語に擬声語が多いことに注目し、「面白いと感ずれば時には無くてもすむものまで採択した」と述べて、選択の基準が、適切に表現できることばから、おもしろいことばへと変化したことを指摘した。

すなわち、ことばに対する興味が「言葉の用途」を「たゞ意を通ずるだけで無く、少しでもきき目の多からんことを望む」方向へと動かし、印象の強い「聴いたら忘れぬやうな語」を歓迎するようになったのである。「新語論」（一九三四）では、次のように述べる。

次の新語は又次の民間文芸も同じく、次第に個人の技巧が働いて、社会性の薄いものになって行かうとして居るのである。近代の新語の中には、誰でも容易に企てられぬやうな、又必ずしも土地の人々の意図を代表して居らぬやうな、手の込んだ趣向のものが多くなって来た。

つまり、文芸的な傾向が強くなるにつれて、新語の考案における「職業化」が進み、かつては新語の作り手でもあった人々がしだいに聴き手にまわり、「何等の批判も無く共感も無くして、やたらに急造の新語を容認し、盲従するの弊」が生じた。このため、片言や口真似が横行し、ことばに対する主体性の放棄を招いたと考えている。

しかし「物言はぬ前にも人は言葉で考へて居り、考へないことをいふ場合は少ない」のだから、各自が経験や感覚に裏打ちされたことばで「心に思ふこと」をあらわすことが必要である。そこで、内にあるものを表現することばとして適切か否かを吟味し鑑定する能力が重視される。「新語餘論」（一九三六）では、以下のように述べる。

我々は唯率直に是（新語）を批判し、自由に取捨するだけの能力を養へばよいので、それには古来如何なる種類の一般的要求が、歴代の新語を採択し、且つ存続させて居たかを、尋ねて行くのも一つの手段であると信ずる。

したがって、一九三〇年代における国語史研究では、一九二〇年代後半頃から形成されてきた教育的な関心からことばに注目するという視点がより明確にされたことがわかる。

5　国語史研究と国語教育構想との関係

本節では、①柳田の学問として行われた国語史研究の意味と、②彼の学問の展開と教育観の課題意識との結びつきについて考えておきたい。

①国語史研究の意味

「考へる言葉」の育成

柳田のことば観は、①内にあるものを外部に運び出す「道具」「生活手段」とする見方、②生存の一部をなすもの、「呼吸の一種」とする見方がある。これら二つのことば観は相互に結びついており、前者は、主体の外部において機能することば、すなわち「要望・勧説・歎願・非難・反抗等、及び此等の一々に対する応答」など「言語の活用」に関わることばであり、後者は、主体の内部において機能することばであるということもできる。

これらのことば観は、彼の国語教育構想に併存しているが、しだいに「呼吸の一種」とする見方に重心が置かれるようになる。「道具」としてのことばが「人々を親しませ、結びつけ、相手を動かす」「言葉の力」を備えたものであるためには、外部に表出されることばが「心に在る通りの表現」となる必要があり、この意味で、内部で機能することばのはたらきが重要なものとなる。

この意味で、柳田は、精神に根を下ろした「自分の言葉」で思い考える国語能力を特に重視して、主体性の基盤を形成する「考へる言葉」の育成を強調したのである。この場合、「考へる言葉」は、主体にとってはまさに生存の一部をなすことばとして機能するものであった。このような柳田のことば観は、彼の国語教育論にどのように反映されているのだろうか。

例えば、「国語教育への期待」(一九三五)では、①内部の感覚と結びついた「生きた言葉」、②体験を通して獲得された「自分の言葉」、③生活に根ざした「毎日の言葉」を国語教育で培うべきであると主張している。個人の立場からいえば、①「生きた言葉」と②「自分の言葉」は、自分の内なる言葉として、自分が思い感じたことを忠実に表現することができればよい。しかし、社会集団の一員としての立場からは、コミュニケーションの道具としての役割があるので、相手（＝聴き手）の理解が前提となり、相手に応じて言葉を選択して表現することが必要となる。

このため③「毎日の言葉」は、他者との「種々なる感情の交換」を行うことばとしても機能するものでなければならない。そこで柳田は、国語教育によって、誰が聞いても「解釈を添えずとも直に心に響く」「覚えた言葉」を育成するべきことを主張した。こうして柳田は、国語史研究を通じてことばの機能についての理解をさらに深め、一九三〇年代後半から四〇年代にかけては、標準語と方言の問題について集中的に論じていくのである。

当時は、多くの論者によって国語問題がさかんに論じられており、方言訛語の矯正をめざす国語統一政策、植民地での日本語化政策、漢字制限や仮名遣いなどの国字問題として取り扱われていた。この時期柳田は、後に『標準語と方言』（一九四九）に収録される諸論考を発表して、主に国語改良・国語教育改革の方面から国語問題に積極的に関わっていた。

国語統一政策批判

柳田によれば、標準語の問題は、「褻《け》の言葉」すなわち「我々が呼吸と同様に無意識に、毎日口から出して居る口の言葉」に起こる問題であった。『蝸牛考』の改訂版（一九四三）では、次のように言う。

方言即ち一つの国語の地方差が、どうして発生したかを知った上で無いと、国語の統一は企てにくいものであるのみならず、仮に一度は無理に統一して見ても、やがて又再び区々になることを、防止する望みを持つことが出来ない。

そして「国語の地方差」が発生した事情を明らかにする必要を強調し、この立場から国語統一政策に対する批判を展開した。これは国語史研究から出てきた視点である。

柳田が方言を重視するのは、第一に、方言は、地方人にとっては「自分の言葉」である「日常国語」として機能しているからである。この意味で、生存の一部をなすことばである方言は、地方人の自己表現には不可欠のことばであり、このような「考へる言葉」を制限し禁止することは、生活者としての主体性を蹂躙《じゅうりん》することになる。

第二に、方言は、生活に結びついたことばとして標準語には置き換えられない観念や感覚を含んだことばでもある。柳田は、国語史研究において形容詞の地方語（＝新語）が多いことに注目し、「形容詞の数だけ、地方人の感覚は分化し新生し、且つ表現を必要として居た」

ことを指摘する。

第三に、方言は、「種々なる感情の交換」や「仲間と共に活き親しみ、且つ内で思ったり感じたりする時の用途」に必要なことばである。柳田は、当時の国語政策が自己表現を考慮していないことを批判していたが、地域的世代的な国民相互の交流についても不十分であると認識していた。そこで、人と人とを結びつけ、共に生きることばが必要であることを主張している。

ただし方言には、「小社会限りの独り合点」が多く、狭い範囲にしか通用しないため、「共通の用語に適しない」という弱点があった。そこでこの弱点を克服する方向で、地方人相互に共通なことばを作り出す必要が生じる。この意味で、柳田は、国民に必要な「未来の標準語」を育成することを国語教育の重大な任務であると考えていた。

ただし柳田は、政策的に強制された上意下達の手段としての標準語を肯定したのではない。そうではなくて、国民が自己を表現し相互に理解し交流し合うために必要なことばとして、新しい標準語を想定していた。柳田によれば、どの地域にも通用する「標準単語」はあるが、「固定不動の標準語」はない。仮に「標準単語」だけで生活しようとしても、「生活の需要」に応じることはできない。

それゆえ「未来の標準語」そのものを豊富にすることがまず必要になり、「耳からの供給を自由に」して選択能力の育成を図ると共に、内部で使う「考へる言葉」になるまで体験を積み重ねることが不可欠の要件であるとした。そして下からの「自然の競争」にゆだねて、「個々の国民の自主的なる選択によって、自然に選《よ》り出されて行くもの」で、「未来の標準語」を組織すべきだと考えている。

以上のように、柳田の国語教育構想は、国語史研究によって明確にされたことば観に裏打ちされて展開してきた。その際、根底に置かれた教育への視点は、国語史研究の進展を通じて深化されてきたものであり、①国語改良の問題、②国語教育改革の問題に前提を与えるものとして、国語史研究の成果が活用されるのである。

②学問の展開と国語教育構想との関係

国語教育の実際化

柳田が国語教育論を発表し続けた一九三〇年以降は、日本民俗学が確立される時期であり、彼自身の学問研究としても、国語に関する研究や民俗語彙研究、教育の習俗研究が分量的に多くなる。これは、柳田の学問において、国語や教育それ自体が平民生活史の重要な柱として認識されたことを示すものであり、平民生活史としての国語史研究が国語教育論と接点を持つに至ったことを意味する。

すなわち、ことばの研究は、当初は記録に残されていない歴史の資料を得る方法として注目されたが、国語の変遷や新語の歴史を明らかにするにつれて、しだいにそれを変化させた主体の歴史を扱う国語史として位置づけられるようになる。「国語史論」（一九三四）では、「将来我々の国語は何う変化しようとしてゐるか、又将来如何に導いて行ったら良いか」という「実際的の問題」に前提を与えることが国語史の目的であるとした。

そこで「眼前の事実」である方言を研究して地方の言語現象を調査し、国語の変化する歴史を解明したのである。そして前代教育におけることばの機能やはたらきについての理解を深める過程で、人間が主体となるために不可欠な「考へる言葉」を培うことが、単にことばを教えるだけではなく主体性の基盤を形成するものでもあると確信してゆく。

この意味で、柳田は、現実の教育に対する課題意識に裏打ちされた「児童語彙」や「新語論」研究を経て、ことばに対する主体性を回復する必要を痛感し、国語教育論では、「考へる言葉」の獲得を重要な課題として位置づけたのである。また、日本民俗学は「教育の実際化」を重要課題として掲げていたが、柳田は、国語能力の調査や普通教育の効果の検査から学校教育の効用を知ろうとした。

「幼言葉分類の試み」（一九三七）では、就学前の子どもが「大よそ国語に就いて既にどれだけのことを知り、どれだけの能力を具へ、それが又後々の正規教育によって、どれだけ迄置き換へられることになるのか」を考える必要があると述べる。前代国語教育の研究を通して、従来は無教育だと思われていた人々が、手製の国語教育の教材を準備して意図的に国語能力の育成に努め、かつ国語能力を獲得してきた事実を明らかにした。

こうして寺子屋以前の教育の歴史から平民が持ち伝えてきた教育力や計画、「時代に適した改良」を知ろうとしたのである。この意味で、「昔の国語教育」（一九三七）における一連の前代国語教育の解明も国語教育の効用を知るための作業だったと考えられる。太田行蔵著『国語教育の現状』（一九四二）に寄せた序文では、国語教育の効果を「素人の側で」測定しうる「手軽な検温器見たやうなもの」の発明を企てていると述べていた。

当時は、国民学術協会から研究補助を受けて、「普通教育の効果調査——国語の部」という課題研究に着手していたが、この研究は、「将来は歴史、修身、技術の部門にまで及ばんことを期して」いると説明されていた。このことから、全体としての普通教育の効果それ自体を自己の学問の研究対象として位置づけていたことが推察できる。さらに、『村と学童』（一九四五）のような子ども向け読み物を通じて、子どもたちに言語能力を培おうとしていた。

方言から「自然な標準語」が生み出されるという考えは、国語史研究から得た仮説（＝方言の生成により適切なことばが選択されていく）に基づくものであった。しかし新語研究を経て柳田は、ことばの選択が文芸化する傾向も指摘して、ことばの選択を適切なものとするためには、ことばの使い手に選択力を培うことが不可欠であることに気づかされることになった。
また柳田の学校国語教育批判は、単純な読み書き不要論・標準語不要論ではない。当時の学校国語教育が、聞く・話す・考えるなどの機能を軽視し、読み書き中心で国語を教えることができると考えていた点、方言の意味も考えずに機械的に標準語を強制しようとした点、すなわち表現を軽視した国語教育である点を批判し、これらの問題点を克服することをめざして学校国語教育批判を展開したのである。

6　戦後の国語教育論

では、こうした柳田の国語教育論が戦後においてはどのように展開されていくのだろうか。柳田は、戦後の教育改革の中で、積極的に国語教育と社会科教育に関わっており、特に、東京書籍の国語教科書編纂にも関わっている。本節では、戦後における柳田の国語教育論をみておきたい。

戦後教育への関わりからいうと、まずは国語教育に対して行動を開始している。『炭焼日記』（一九四四〜四五）によると、一九四五年一一月初旬から『展望』創刊号に掲載予定の「喜談日録」の執筆をはじめ、主に国語教育について論じているが、執筆の動機は「文部の人に見せたい為」であった。また一二月初旬には、「自著『国語の将来』をよむ」とあり、年来の主張である国語教育論をふまえた上で、戦後の国語教育を論じようとしていたことがわかる。

こうして一九四六年一一月には、国語教育学会の再興大会で「是からの国語教育」を講演している。本節では、一九四六年に発表された「喜談日録」と「是からの国語教育」に注目するが、これらの論考には、柳田の国語教育に関する基本的な考えが明確に打ち出されている。

①「喜談日録」(一九四六)

急務としての国語教育改革

柳田は、「自分ほどの者の力でも、少しは今後の御役に立たうかと思ふ仕事が三つほどある」として、「国民の固有信仰」「人の心を和らげる文学」「国語の普通教育」を列挙した。このうち、国語教育の問題が最も急務であるとして、「国語を是からの少年青年に、どういふ風に教へるのが最も良いか。国を健全なる成長に導くが為には、如何なる道筋を進むのがよいか」を考えるべきだとした。

言論の自由、誰でも思った事を思った通りに言へるといふ世の中を、うれしいものだと悦《よろこ》ばうとするには、先づ最初に『誰でも』といふ点に、力を入れて考へなければならない。（中略）あなたの思ふことは私がよく知って居る。代って言ってあげませうといふ親切な人が、これからは殊に多くなることも想像せられる。さういふ場合にどこがちがふ、又どういふのが最も我意を得て居るを決定するには、先づ以て国語を細かに聴き分ける能力を備へて居なければならぬ。

柳田は、今後の国語教育では、「思ふことの言へる」能力と「国語を細かに聴き分ける能力」を培うべきだと述べて、さらに次のように言う。

聴く力の修練に先だって、各自に考へるといふ習慣を付ける必要があり、それには又めいめいの思ふ言葉といふものを、十分に持たせて置く必要があった。国語教育といふ語が発見せられてから、五十年はもう確かに過ぎて居るのだけれども、この二つのものを与へる学校は、実はまだ日本には無かったのである。

つまり従来の学校国語教育では、「考へるといふ習慣」の養成と「めいめいの思ふ言葉」

の育成とが全く行われてこなかったことを批判した。この指摘は、それ以前の国語教育論に比べると、より直接的に強調されている。

かつて柳田は、国語改良と国語教育改革とを関連づけて方言と標準語の問題を論じ、学校国語教育では、表現の国語教育が立ち遅れていることを指摘して、主体が思い考える時に必要な「自分の言葉」や「生きた言葉」を培うべきだと主張していた。「自分の言葉」や「生きた言葉」の育成は、ことばの使い手がことばに対する主体性を取り戻すために必要であるとされ、そのようなことばで生活をすることが主体的な国語能力の獲得につながると考えていたのである。

「思ひ方教育」

すでにみたように、柳田は、「考へる言葉」の育成という目標を提示し、各自の「生きた言葉」を「考へる言葉」にまで高めていくことが国語教育の役割だと述べていた。これは、単なることばの教育にとどまらない、ことばを介した思考力の育成を企てたものである。しかし当時は、話者が自分の心持ちにぴったりする語を選ぶ力の育成を主張する意見とみなされ、方言対標準語の問題に解消されてしまっていた。

その意味では、「喜談日録」での主張は、柳田の国語教育論を正当に理解する上でも重要である。なぜなら、①主体的な国語能力の中に思考力を含めて考えていたこと、②思考力の育成には「生きた言葉」を十分に育てる必要があると考えていたこと、が明らかにされたからである。柳田は言う。

話方教育の背後には、先づ聴方教育といふ大切なものがあり、その二つのもの丶まん中に、更に最も厳粛なる思ひ方教育、考へ又は感ずるに入用な言葉の修得が、有るといふことは発見でも何でも無い。

そして「思ふことの言へる」能力と「国語を細かに聴き分ける能力」を培うには、それに先行して「考へるといふ習慣」の養成と「めいめいの思ふ言葉」の育成とが不可欠であると指摘することによって、「思ひ方教育」が国語教育の重要な部分を占めることを強調したのである。

柳田は、「生きた毎日の日本語を教へること」に無関心な学校教育では、「結果に於ては単に口真似が上手で、人とちがったことは思っても見ないといふ者を、沢山に作ることばかりに熱心であった」と述べ、「口真似」教育のもとでは、十分な表現力が育成されないばかりか、主体的な思考力の発達も抑制されていたことを指摘する。このように言語能力を思考力と結びつけてとらえる点に、彼が「国語の普通教育」を戦後の重要問題として位置づける理由がある。

柳田は、「我々の挙国一致を以て、悉《ことごと》く言論抑圧の結果なりと、見ることだけは事実に反して居る」と考えていた。人々が「口を揃へてたゞ一種の言葉だけを唱へ続けて居た」のは、「言はゞ是以外の思ひ方言ひ方を、修練するやうな機会を与へられなかった」からであり、また「或少数者の異なる意見といふものは、国に聴き方の教育が少しも進んで居ない為に、抑圧せられるまでも無く、最初から発表しようとする者が無かった」からである。それゆえ、「国民総員の自由に思ひ又言ひ得る国語を、新たに教育しなければならぬ」のである。

「腹から出た言葉」を育てる

このような立場から、柳田は、「国語の応用は大切な生活技術であり、之を教へることも亦貴い一つの技術である」、「一人でも多く、国語を本当に利用し得る者を殖やして置けば」、「やがて国民の精神生活は充実するものと信じて居る」と主張する。そこで教師に対しては、「国語を教へるには国語を知って居なければならぬ」と述べて、従来の国語教育が「国民総体の言語能力」の向上に無力だったのは、「人が現在如何なる国語に由つて、生活して居るかの事実までは考へなかった」からであるとした。

そして若い国語の教師に教養として国語史・国語教育史を学ばせて、国語の「特徴」、「癖と弱点」とを知らせ、「言葉は時代により又時代人の心掛け如何によって、良くもなれば悪くもなるものだ」ということを是非とも体験させたいと述べている。このため、学校がなかった時代の国語教育に言及し、「当人たちの自修」によって「いつの間にか、年に相応した生活に必要なだけの、国語を覚えて行った」ことを指摘する。

昔の社会では是でも十分に間に合って居たけれども、今のやうに外部の情勢が変わって来れば、もはや斯ういふ古風なものだけに、拠って居ることは出来ないのかも知れない。どこに補強するべき弱点が潜み、もしくは踏襲してもよい長所がなほ存するか。それを決定するには外国の理論はさう参考にはならない。やはり一たびは根本に立ち戻って、特に自分達の国語が通ってきた、路筋といふものを考へて見るの他は無いと思ふ。

そこで「国民相互の正しい交通の為に、古人はどれだけの準備教育を、与ふべきものとして居たか」を明らかにするために、就学前の子どもの言語習得過程を手がかりにしようとした。

柳田によれば、学校教育出現後もこの時期の国語教育は前代の姿をとどめているので、子どもがことばを獲得していく過程を観察すれば、「どういう風に言葉を貯へ、又之を出して使って居るか」という主体的な学習の特徴が明らかになるのである。なぜなら「小さい子どもの言葉を覚えるのは、自修であり又体験であって、断じて口真似ではな」く、「自分の用を言ふ時は腹から出た言葉を使ふ」からである。

この「腹から出た言葉」こそが、特に「考へ又は感ずるに入用な言葉」へと発達して、主体的な言語能力の獲得へと結びつくのである。にもかかわらず「個人の表現」が貧困な状態にあるのは、ことばを「本当には自分のものにして居ない」からである。したがって「言論の自由」をすべての国民に均等に保障するためには、各自の「腹から出た言葉」を「考へ又は感ずるに入用な言葉」として発達させる必要があり、柳田は、それが国語教育の任務であると主張したのである。

②「是からの国語教育」（一九四六）

表現の国語教育

柳田は、国語教育学会の再興大会で従来の国語教育に対する批判と今後の国語教育についての意見を述べているが、歴史教育ほどに関心が持たれていない点を指摘する。

終戦後の教育雑誌などをざっと見渡しても、国語教育の問題に就ては、当事者は一般に、歴史教育に関して苦悶するほどには苦悶して居ない。どうやら今までの式で進んで行ってもよからうと、考へて居るのではないかとも想像せられる。ことに数年前の学校改革に、話方の科目が新たに掲げられながら、実施方法もまだ提示せられず、中ぶらりんになって居る事実と見合せて、この状勢が途方もなく私には気になるのである。

すなわち、学制以降、「理解の国語教育のみは著しく進んだ」が、「之に反して表現の国語教育は、今はまだちっとも行われて居ない」と述べて、学校国語教育の問題点を指摘した。柳田は、国語教育を理解力と表現力の二面から把握し、国家主導の学校教育では、表現力の育成が不当に軽視されてきたことを批判している。既述のように、戦前の国語教育論では、主体的な国語教育の獲得をめざしていた。その際、標準語を批判し方言を重視したのは、借り物の標準語では自由な表現ができないと考えたからである。この視点は、柳田が国語教育を論じる時には一貫している。柳田は言う。

黙って合点々々してくれる国民は、或は理想の国民であった昔も有る。しかし今日は普通選挙は徹底し、本は読まずに居られる生活があっても、思ったことを言はずにすますことはもう出来なくなった。もしも表現といふことを思慮の構成、即ち思ひ言葉、腹で使って居る言葉にまで推し及ぼすならば、是は殆と言語生活の大半を占むるものである。是を棄てゝ置くといふことは教育機関としての大きな怠慢と言はねばならぬ。

つまり「表現の国語教育」とは、各自が「腹で使って居る言葉」で「思慮の構成」を行うという意味での「思ひ言葉」の育成にほかならず、それは国民の言語生活の大部分を占めるものだと認識されていたのである。戦後の国語教育を考える際に「表現の国語教育」を特に重視するのは、既述のような課題意識に基づく以上に、「以前は学校以外の方法が、或程度までは備はって居た。今日はそれがまた衰へて居る。学校より他には之を導く手段が無い」と考えるからであった。

それゆえ、学校が「実際少しも物の言へない者を、幾らでもこしらへて居る」ことが問題になる。このことは、文章表現についてもあてはまる。学校は、読み書き能力の育成に中心を置くといっても、わかりやすい文章を書くことに関しては「全く無能」であった。柳田は、「言葉を口から外へ出すのは勇気の問題であらうが、その勇気を鈍らせることには国語教育が手伝いをして居る」と述べる。こういう状態では、「心の中で考へ又は感じを結んで言葉にする能力」が抑圧されるとまで考えている。

内部で使っていることばが、主体の意識そのものであるとみる立場からすれば、「勇気を鈍らせること」は、単に表現能力を抑圧するだけではなく、意識作用そのものを抑圧することにもなり、人々の「生存の一部」を閉鎖することにもつながるのである。

わからないと言う勇気

そこで「今ある尋常の読者の中に、判《わか》らぬものを判らぬといひ切る勇気、あなたの文章は六《む》つかし過ぎると、面と向かってゞも言ふことの出来る自信を、養成する必要がある」として、この自信と勇気を養成することも国語教育の管轄であると主張する。

これは、『国語の将来』(一九三九)以来の柳田の持論である。受動的な理解力の養成だけでは自己表現力を培うことができず、主体的な国語能力の獲得には結びつかないからである。柳田は、「言葉は心の中に在るものを外に移し、しかも相手の心に届くことを要件とする」と述べて、学校国語教育は、「正しい表現の技術」をすべての子どもに教える必要があるとした。

そして「表現の国語教育は、どうしても話方から始めなければなるまい。話すのと同じ心持を以て筆を執り、一方には又話すのと同じ用語によって、思惟することを教へなければならぬからである」と述べている。この場合、話す能力が書く能力に先行するというのであるが、「喜談日録」でみたように、話す能力の前提として聴く能力が不可欠となる。この意味で、聴く・話す・読む・書くという国語能力を総合的に発達させる必要がある。

ところが、学校が関与してきたのは、そのうちのごく一部分にすぎぬ読む・書く能力であり、それも表現の面からいえば不十分なものであった。その原因は、国語によって思い考える能力を育成するという観点が欠落していたからである。思い考える能力が聴く・話す・読む・書くという国語能力の発達を通じて育成されなければ、主体的な国語能力が獲得できないのである。

言論の自由を保障するために

さらにまた柳田は、今後の学校教育が重要な役割を担わなければならない理由として、人々が相互に交流するために必要な（＝共通言語としての）国語能力を培うという目的をあげる。かつては家庭や地域で生きるために必要なことばと国語力の教育が行われてきたが、家庭や郷党の教育には、「表現を以てあらゆる見ず知らずの同国人と接触する」必要がなかったために、「人を一国社会と結びつける準備」がない。

これに対応するためには、生活圏での生活語＝方言の教育だけでは十分なコミュニケーションができない。柳田は、異なる地域間の交流を「新たな国家的要求」とみなし、国民の相互的なコミュニケーション能力も含めて「思ひ言葉の教育」をとらえている。そして「児童が物を覚えるに最も適当な時間」を独占する学校が、この「思ひ言葉の教育」を引き受けるべきだとした。そこで「古来の方法」を参考に、子どもの自発的な学習能力を重視して学ばせる方法を提示する。

彼は、「一つの事物に二つ以上、違った表現の仕方が有るといふこと」を教えるのは、子どもにとっては「負担の過重」ではないと述べ、自分の思いや考えを言いあらわすのに最も適切なことばを選択するには、多くのことばを知っていた方がよいと主張する。なぜなら、ことばが不足したために、内面的な感情・判断・思考が抑制されることがあってはならないと考えるからである。各自が「自分で選択し、選択は実は捜索であることを体験しなければ」、外形的表面的な模倣はなくならないとして、表現という観点から子どものことばの知識を豊富にすることが国語教育の任務であると考えていた。

したがって戦後初期の国語教育に対する柳田の課題意識は、すべての者に言論の自由を保障するために、主体的な自己表現力、思考力、判断力を育成しなければならないというものであった。この観点から、これまでの学校国語教育を改革し、また国語改良も同時に行う必要があったのである。このため教師は、国語教育史や国語史に学んで国語の特徴を知り、子どもが言語を獲得することの本質的な意味を知る必要があると考えられており、基本的には戦前に展開した国語教育論の主張が一貫しているといえる。

③「柳田三原則」

国語教科書の編集方針

次に、柳田の国語教育に対する課題意識と関わらせて、彼が監修した国語教科書の編集方針についてみておきたい。柳田は、一九四八年五月、東京書籍の小中学校検定教科書の監修を受諾し（一九五二年からは高等学校用も監修）、新しい時代の国語教育のために教科書編集に協力することになる。そこで、従来の国語教育に反省を迫る新しい教科書をめざして、民俗学研究所で編集会議を重ね、編集作業を続けた。

そして翌一九四九年春に、小、中学校用教科書『新しい国語』が完成された。検定の結果、小学校四年下と五年上、中学校三年が不合格となり、一九五〇年度分としては、小学校用一～三、六年、中学校用一～二年の教科書が発行された。翌年不合格分がそろって合格し、一九五一年度版から全学年での使用が可能となった。一九五〇年八月には、改訂版『改訂新しい国語』（一九五二年度用）の編集がはじまり、単元構成や教材選定に柳田の工夫がこらされた。

さらに一九五二年夏からは、柳田を監修者とした東京書籍版高等学校国語教科書の編集作業がはじまるが、柳田は高校用教科書の編集に意欲的に取り組み、小中学校用とは異なる方針のもとに編集作業が進められた。高校用教科書『国語総合編』は、一九五四年春に完成して検定合格し、一九五五年度から使用された。

柳田は、どのような編集方針のもとに国語教科書を作ろうとしていたのだろうか。彼は、一九四九年六月に東京書籍のＰＲ誌『教育復興』誌上に、「柳田三原則」と呼ばれる編集方針を提示した。ここには、小中学校用教科書に対する彼の考えが示されている。

『あたらしいこくご』の監修者として、わたくしが力を入れた点が三つある。その三つというのは、いずれも従来の教科書に対する批判から出発している。まず第一に、今までの教科書は比較的数の少ない優秀な子供をあてにして作られていたのではないかと思う。それでは中あるいは中以下のものは非常にこまるわけである。しかも大部分の子供がこの中または中以下の層に属していることを思えば、これまでの教科書というものがいかにわれわれの民主主義からかけはなれたものであったかがわかる。新時代の教育は最大多数の子供のしあわせを考えてやるだけの親切心を内にたたえたものでなければなるまい。『あたらしいこくご』が中もしくはそれ以下の層を対象としたのは、このような心持からである。

次に在来の教科書は純文学、芸術の方にかたよりすぎている点があげられる。われわれが国語を学ぶのは、単に芸術美をあじわうためのものではない。今日は純文芸、文学国語に遊ぶものが多いが、もしそうした傾向がわれわれの日常の国語生活にくいこむおそれがあるとすれば、それは警戒すべきことであるといわなければならない。『あたらしいこくご』はそうした偏向を正す点に力を入れた。

第三に、国語教育の一番主要なるものは何かといえば、それは言語生活である。単に読書力をつけるというだけでなく、話し方、聞き方の面においてもゆきとどいた指導がおこなわれねばならない。それによって子供の言語活動を十分にのばし、表現能力を育てあげることが肝要である。従来の教科書はこの点において大いに欠けるところがあった。新時代の教科書はどこまでも子供の言語生活に即したひろさと詳しさを持たなければならぬ、とわたくしは信じている。

『あたらしいこくご』は以上の三つの点に留意して編集されたものである。

つまり、「柳田三原則」とは、①中または中以下の多数を占める子どもを対象とすること、②純文学ではなく日常の国語生活を採りあげること、③子どもの言語活動を十分にのばし表現能力を育てること、を方針とするものであった。

生きるために必要な国語教育

柳田は、「新時代の教育は最大多数の子供のしあわせを考えてやるだけの親切心を内にたたえたものでなければなるまい」と述べて、第一に、従来の教科書が、少数の「非凡」な子どもを標準にして多数を占める「平凡」な子どもたちを軽視してきた点を批判している。これは、普通教育としての国語教育構想で、言論の自由をすべての者に保障するためには、「誰でも思った事を思った通りに言へる」ように国語能力を培わなければならないと主張した点に通じるものである。

第二に、「在来の教科書は純文学、芸術の方にかたよりすぎている」として、国語教育の目的は、「われわれの日常の国語生活」に必要な能力を培うためであって、「単に芸術美をあじわうためのものではない」と述べている。このため純文芸に遊ぶ「偏向」を是正して、「われわれの日常の国語生活」に必要な教材を選ぶべきであるとした。普通教育としての国語教育の目的を考えれば、日常の言語生活が優先されるのは当然のこととなる。

第三に、「国語教育の一番主要なるものは何かといえば、それは言語生活である」と述べて、「子供の言語活動を十分にのばし、表現能力を育ててあげることが肝要である」と強調する。そこで、「話し方、聞き方の面」に十分な配慮を払って読み書きに偏重しない総合的な国語能力を育成する必要があると考えている。このため「新時代の教科書はどこまでも子供の言語生活に即したひろさと詳しさを持たなければならぬ」と主張する。ここには、彼がこれまで主張してきたことが明示されている。すなわち、「表現の国語教育」に重点を置いた新しい国語教育によって、すべての子どもに「生活技術」としての「国語の応用」を教え、「腹で使って居る言葉」で思考し、判断する「考へる言葉」の育成をめざすために、子どもの言語生活を重視したのである。

また柳田は、「『新しい国語』にふれて」（一九五〇）において、次のように述べている。

自分は、過去二十年来の変節しない国語改革論者である。自分は父兄の立場であり、子供たちの全部をまともに生きていかれる日本人にすることを願っている。屑《くず》を残してはならない。今までの国語教育は字を教える教育、むずかしい言葉を詰め込む教育であった。国語教育は生きた言葉を教える教育でなければならない。読み、書き、話し、聞き、考えることは切り離してはならない。

つまり柳田は、「父兄の立場」から国語教育に対する期待を表明し、子どもが生きていくために必要な国語能力の獲得を国語教育はめざすべきであると主張した。それゆえ教科書編纂に際しては、生きるために必要なことばを重視して、「読み、書き、話し、聞き、考えることは切り離してはならない」と述べて、子どもたちに「生きた言葉」を習得させ、国語の使い手を育てあげるために必要な教科書をめざしたのである。この意味で、柳田は、教科書編纂への協力を通して、年来の国語教育構想を実現しようとしていたのだといえる。

おわりに

以上みてきたように、柳田は、ことばと主体性の問題に対する課題意識からことばへと関心を深め、国語教育によって主体的な思考力を支える「考へる言葉」を育成しなければならないと主張し続けてきた。それは、国語能力の基礎になる聞く・話す能力を十分に育てずに、読み・書きによって国語を教えることができると考えられていた点、方言が地方人にとってどのようなことばであるかも考慮せずに、不完全なことばである標準語を強制しようとした点に対する問題提起であった。

すなわち、柳田の国語教育構想は、読み書き教育や共通語教育を軽視したわけではなく、国語能力を育成する準備として、基盤になる聞く・話す能力をまず十分に育て、次いで地方人にとって生活語である方言や口語を重視した国語教育によって基礎的な国語能力の育成を行い、その次の段階で読み・書き能力の育成や共通語の教育、自分のことばで考え表現する能力の育成を考えていたのである。

戦後の国語教育論では、日常的な言語生活を豊かにするために「腹から出た言葉」や「思ひ言葉」を育て、読み・書き能力だけでなく聞く・話す・考える能力にも重きを置くなど、基本的な部分は戦前から戦後にかけて一貫していたことがわかる。特に、戦後の主張では、話し方教育や聴き方教育に力を入れるべきことを明確に主張し、考え感じたことをことばにする表現の国語教育を強調した点が特徴的である。

また柳田は、国語教育に対する提言を行うだけでなく、検定教科書の監修者を長年務めることになるが、その際に提示された「柳田三原則」は、多数を占める平凡な子どもにとって必要な日常生活における国語能力を高めていこうとするものであり、ここには、『国語の将来』（一九三九）で主張していた「毎日の言葉」、「生きた言葉」、「自分の言葉」を育てようとする主張が根底に貫かれているといえる。

第三章　社会科教育の構想——「史心」を育てる社会科教育——

はじめに

第二章でみたように、戦後、かなり早い段階で国語教育に対して発言した柳田は、同時に、歴史教育に関しても持論を展開していった。その後、成城学園初等学校や文部省関係者から社会科教育について相談を受けたことから、しだいに新設された社会科に対して強く関心を持つようになり、やがては民俗学研究所を挙げて日本の社会科教育を創ることに協力するようになる。

柳田の歴史教育への関心は早くからあり、第一章で述べたように、南方熊楠と雑誌『郷土研究』を構想した頃から「田舎青年の啓蒙」や「知識の啓蒙」を「郷土研究」の目的に掲げていた。特に一九二四年以降、青年や教師に対して「郷土研究」を呼びかけながら、「生活改善」を行う際には歴史を手がかりにして判断すべきこと、「郷土研究」を通して主体的な判断力を培うべきことを主張していた。

この主張は、一九三〇年代以降、当時の歴史学や郷土教育を批判しながら「郷土研究」や民俗学の展開を通じて歴史教育論として主張されていく。柳田は、歴史教育の目的を「史心」の養成であるとして、「史学と世相解説」（一九三五）では、「昔を知りたいといふ念慮、もっと自分自分と関係のある事を、出来るだけ詳しく知りたいといふ向学心」が「史心」であると述べた。

そして、一九四〇年代になると、地方に疎開した小学校高学年の子どもたちを読者に想定する子ども向けの読み物を通して、衣食住などの生活史を手がかりにして身近な問題を考えさせようとしている。この子ども向け読み物は、社会科教科書『日本の社会』（一九五四）を構想していく際に重要な役割を果たしている。柳田が社会科教育に関心を深めていくのは、子ども向け読み物のアイデアが社会科教育にも使えると考えたからである。

この章では、戦後における柳田の社会科教育への関わりに注目して、社会科教育の構想や教科書『日本の社会』の特徴についてみておきたい。既述のように、彼の社会科教育構想には、戦前の歴史教育論が影響を及ぼしているが、第二章のように戦前から戦後に向けてみていくことはせず、先に、戦後の社会科教育について明らかにし、それとの関係で戦前の歴史教育についても言及することにしたい。

1　社会科への関わり

歴史教育の使命

柳田は、敗戦から一年後、「学問の本筋から見たら、教育はたゞ一つの応用と言へるかも知れない。しかしこの用途が有ったればこそ、史学は夙《つと》に起り、又次々と栄えて来たのである」と述べて、歴史学を「国民総体の為に、最も有用なる学問とすること」を主張している。そして「短慮や我執《がしゅう》や誠意の欠乏が国を誤り同胞を不幸に陥れた実例の、歴史に満ちて居ることを隠さうとした」戦前の歴史学や歴史教育に対する反省をふまえて、普通教育として歴史教育を行う意義について論じている。

従来の価値観が根底から崩壊した時代を乗り越えてゆくには、一部の政治家に引き回されることのない賢明な選挙民を育成することが、新しい歴史教育の意義であった。この主張は、国語教育の改革を通して民主政治の担い手を育成すべきだとした課題意識と結びついている。柳田は、将来主権者となる子どもたちが「政治の善悪」を正当に批判できるようにするために歴史を教えるのだと主張して、主体的な思考力・判断力の育成を怠った従来の歴史教育を批判した。

「歴史教育の使命」（一九四六）では、文部省教科書『くにのあゆみ』に対する感想を述べ、歴史教育の方法や内容に改革の必要があると主張している。

今後の歴史科は、無試験にして、ただ聴いてゐて、疑問を書き止める程度にしたいものである。同時にまた、教科書に載ってゐること、学校で教へることは、国の歴史のほんの片端にしか過ぎず、例へば、万人が必ず一生のうちに経験し、悩み考へねばならぬ婚姻や誕生、葬制の歴史は勿論のこと、生活の根本問題たる衣食住のことなど殆ど記載されてをらぬことを教へねばならない。

そして「教育の真の目的は、よき疑問を起させるにあるといっても過言ではなく、国民生活の要求の上に立たぬ史学は、有害無益なる遊びの学に過ぎない」として、歴史教育の改革が歴史学にとっても重要課題であると述べる。

社会科への関心

このように、当初は、歴史学の改造も含めた歴史教育の改革に関心を持っていたが、しだいに新設の社会科教育に深く関わってゆくことになる。柳田の歴史教育構想が後に社会科教育構想として提示されることから判断すると、柳田の内部では、新しい歴史教育が社会科教育と重なるものだととらえられていたようである。

成城学園初等学校校長の柴田勝は、柳田が「社会科は暗記のためにあるのではなく、社会を理解するためにあるのだから、その目的は史心を培うことにある」と語っていたことを挙げて、彼の社会科教育構想の中心には「史心」の養成が置かれていると述べている。この「史心」の養成という目標によって、柳田の社会科教育構想は、歴史教育論とも密接な関係を持つのである。ここでいう「史心」とは、柳田が年来主張してきた歴史教育の目標でもあるが、単なる歴史的分野の目標にとどまらず、社会科教育の全体を貫く目標として「史心」をとらえていたのである。

こうして柳田は、一九四七年頃から積極的な活動を展開するようになる。その直接的な契機は、一九四七年四月に行われた成城学園の教師たちとの座談会であるが、それに先立ち、「歴史を教へる新提案」（一九四七）を発表している。ちょうど新学制の実施直前で、学習指導要領はまだ出されていなかったが、彼は歴史教育についての意見を「新提案」として主張している。その際、「詰込主義」を排して「小さな子の物の起りを尋ねたがる自然の好奇心」を活用するために、①第三学年からはじめること、②教科書を使わないことを挙げており、これらは後に展開される社会科教育論でも主張される考えであり、社会科教育構想の骨子がすでに示されている。

　年譜では、一九四七年四月に成城学園の教師たちと談話会を行い、社会科の目的、教材、教育方法などについて見解を述べている。同年七月には、民俗学研究所で文部省の勝田守一ら社会科関係者と座談会を行い、歴史のとらえ方、社会科の教育方法などについて話し合っている。そして翌一九四八年一月には、「社会科教育と民俗学」というテーマで成城学園の教師から報告された初年度社会科の授業について批評を行い、問題点を検討するなど、文部省の関係者や成城学園の教師たちと何度も社会科教育について話し合っている。

2　柳田社会科の形成

社会科単元の研究

　この時期柳田は、成城学園以外にも近郊の学校を視察し、また全国から実践記録や研究記録を集めるなど、社会科教育に積極的に関わろうとしていた。その後も成城学園の教師たちと社会科について話し合う機会を持ちながら同校の社会科教育に助言を与えていたが、一九四九年五月からは、一九五一年一〇月まで続く社会科単元の研究会がはじまった。

　当時成城学園では、アメリカなど諸外国のカリキュラムを参考に社会科の単元を作成しようとしていたが、調査の結果、「すべての国の教育はその国のなやみから出発し、その国の持つ遠大な理想のもとに計画されている」ことを学んだ。そこで、「日本人のものの考え方や、習俗及日本文化の発展」や「常民の生活の変遷」を研究してきた日本民俗学に「単元設定の意見をたずねるとともに、その資料を仰がねばならぬ」という結論に達して、柳田に協力を要請する。

このためアメリカや全国の単元表から約四〇の単元を選びだし、学習内容の検討を進める予定であったが、「いざその検討になってみると先生（柳田）のねらいとわれわれのねらいとがあまりにも喰い違っていることに気がついてびっくりすることがしばしばであった」という。そこで選びだした単元について、一単元ずつ柳田から講義を受けることになり、研究会が発足したのである。

当時成城学園初等学校の社会科部員であった庄司和晃によれば、「柳田が話をし、部員がそれを筆録する。さらに部員がその筆録を整理し、そしてプリントを作る。次回にはそのプリントを持って参加し、話合いと具体化が一段と進んでいく、そういう形の繰返しであった」といい、この研究会にかける柳田の意気込みには並々ならぬものがあった。成城の教師たちも柳田の熱意に応えて講義に基づく学習展開例を作成し、授業でそれを検討する作業を繰り返しながら社会科単元の作成に取り組んだ。

その成果が『社会科単元と内容』（一九五一）である。どのような単元が選ばれていたかを次に示しておく。

『社会科単元と内容』の単元名
第一学年　「学校のまわり」「道路」「水」「家畜」「物をつくる」「遊び」
第二学年　「海」「遠さ近さ」「古さ新しさ」「郵便」「しごと」「火」「安全」
第三学年　「川」「食物」「市」「貨幣」「健康」「年中行事」
第四学年　「すまい、あかり、ねんりょう」「着物」「本」「技術技能」「友だち」「郷土」
第五学年　「共同生活」「日本という国」「自然」「交通」「殖産」「移住」「時代と人」
第六学年　「報道」「労働・工場」「貿易」「世界の人々」「人の一生」「正義」「へいわ」

柳田社会科の原型

この単元案の特徴は、「よその学校と共通な単元」を七分の一しか含まないことで、ほとんどそのままの形で教科書『日本の社会』に使われた。この意味で、『社会科単元と内容』に結実した研究会の成果が、柳田の社会科教科書の原型になったということができる。

成城学園では、一九四九年頃から第四学年以上の児童を対象とした学習の手引書（『社会科研究書」）を試作していた。このうち、教科書『日本の社会』ができる以前に作られたもので、成城学園初等学校に現在も存在するのは、「日本という国」（一九五一）、「人の一生」（一九五二）、「すまい、あかり、ねんりょう」（一九五二）の三種である。このことから、成城学園では、社会科単元の検討作業と併行して、教科書『日本の社会』に先立つ柳田社会科の教材化が進められていたことがわかる。「研究書」と教科書『日本の社会』との内容的な関連については、第四節で検討する。

『社会科単元と内容』の発行前後、成城学園では、『Curriculum』（一九五〇～五二）を出している。そこでは、社会科は「社会研究の教育」と把握されており、各単元の取り扱いが「何れも民族《（ママ）》学的立場にたち歴史的な発生的なことに十分な配慮をしている」ことが特徴だとしている。この場合、「民族《（ママ）》学的な立場」とはどのような立場をさすのかが問題となる。成城学園では、「今、此処より出発してできるだけ正しい史実にもとずい《（ママ）》て児童の『史心』を養うという方向をねらう」ことが、「民族《（ママ）》学的な立場」を考慮した扱いだと考えている。

柳田の考える「史心」は、社会科全体を貫く原理であり、単なる歴史的分野の学習目標にとどまるものではなかったはずである。この点を成城学園の教師たちはどのように理解していたのか。一般に、柳田の社会科教育構想は成城学園での実践を通じて具体化されたとみなされているが、社会科教育のねらいに関して両者にずれがなかったかどうかを考える必要がある。このため第四節では、柳田社会科の教材や成城学園の実践例に注目して、検討を試みる。

成城学園への協力と併行して、柳田は、社会科を実践する側の期待に積極的に応じる決意を固めてゆく。一九四七年三月に自宅の書斎を開放して民俗学研究所を設立し法人化を進めていたが、五月二七日には、民俗学研究所世話人会を開催し、研究所設立の理由の一つに、新しい歴史教育＝社会科への協力を挙げている。その際柳田は、民俗学が「政治史戦役史より他の歴史、国民全体が今のやうな生活ぶりをすることになった由来」を研究してきたとして、「こちらは是でほゞ社会科の全部がまかなわれる位に思って居る」と述べて、民俗学研究所を挙げて社会科教育に協力する姿勢を打ち出している。

民俗学研究所と社会科

こうした民俗学研究所の活動は、機関誌『民間伝承』誌上の特集記事や消息欄などに逐次報告されている。そこで、次に、『民間伝承』に注目して民俗学研究所の活動をみておくことにしたい。

成城学園の教師と座談会を行った一九四八年一月の『民間伝承』では、「社会科と民俗学」という特集を組み、柳田の「社会科のこと」をはじめ、大月松二「郷土と社会科」、牧田茂

「社会科の教科書批判」などの論考のほか、巻頭言、民俗学研究所報、学会消息、その他投稿欄などでも社会科に関連のある記事が載せられている。

「社会科のこと」では、「どの程度にまづ民俗学が、社会科設定の為に役立つであろうか」と述べて、教科書の問題や社会科の目的について論じている。そして子どもたちの疑問を重視して「自ら知らしむる」ことを普通教育の目標と位置づけ、「其偉大なる大事業」に民俗学を奉仕させたいと述べる。

民俗学研究所報には「社会科叢書刊行予定」の記事があり、牧田茂「村落社会」、橋浦泰雄「家の構成」、瀬川清子「衣食住」など、一一のテーマを所員が分担執筆することが予告されているほか、学会消息欄では柳田も準備委員として参加した「日本社会科教育研究会の成立」について報じている。さらに、一九四八年五月に財団法人化が認可されると、その特集号（『民間伝承』七月号）の巻頭に、彼は「社会科教育と民間伝承」を掲げ、民俗学にとって社会科の新設が「ぢっとしては居られない程の強烈な刺激」であるとした。

柳田によれば、民俗学の目的は、「今まで何人も問題としなかったもの」に注目し、「未知の事実」を通説とつきあわせ、「確かに知り得た事実」を「少しでも早く、万人公有の知識として、自由な利用を可能ならしめ」ることにあった。ところが「小さな者の質問」に答えようとする過程で、従来見落としてきた重要問題にあらためて気づかされたという。柳田は、

「人生の常なるもの」の歴史を解明して子どもたちの疑問に積極的に答え、生活における「平凡なる深秘」を探究していくことを民俗学の課題としたのである。

社会科の頁

こうして民俗学研究所の社会科への関わり方は、法人化を遂げた後ますます活発化する。一九四八年十一・十二月合併号からは、和歌森太郎の企画監修で「社会科の頁」欄が開始された。この欄は、「学校の社会科教育の実際に携はられる会員の希望によるもの」で、「広く日本の教育全般の向上に資すること」をめざしており、「民俗学に造詣の深い方々がいかに実際の社会科を運営されてゐるか」の「ルポルタージュ」や「この頁に対して、どのような希望、不満を抱かれてゐるのか」意見を寄せるよう会員に呼びかけている。しかし予期したほどには反響が得られなかったらしく、再三投稿を呼びかけているが、この欄は一九四九年六月まで連載された。

続いて七月号から一〇月号にかけては「社会科問答」欄となる。ここでは柳田も「単元の順序」について問題提起しており、「文部省案の改良を試みる」ためにも「果して現在の単元配列、即ちこの案の順序で教えて行くことが日本の児童にとって最も自然に、物を覚えやすい方法かどうか」を考えるべきだと述べている。当時は、成城学園の教師たちと社会科教育の研究会をはじめたばかりであり、社会科単元の検討作業を通して、借り物ではない「日本の児童」のための社会科を作り出すことに強い課題意識を抱いていた。

さらに一九五〇年からは、「社会科の頁」欄を「新しい構想」のもとに発展させた「問題解説」欄が登場した。この欄は、「それぞれの専門の立場から、専門の研究題目を入門者にも直ちに取りつくことのできる解説と、未解決の問題を明示して研究者の協力を俟《ま》つ、両様の態度で臨むもの」であった。

一九五一年一月には、「民俗学研究者の利用を眼目としたばかりでなく、一般教養ならびに社会科教育の参考に資することを目標とした」『民俗学辞典』が刊行され、序文で、「社会科教育の前途を考えて行くと、人が世に活きる為に必要な知識の、現在は整理せられず、綜合統一の甚だしく欠けていることが、先ず大きな苦労の種である」と述べている。

以上の経過を経て、『民間伝承』誌上の社会科教育に関連する欄は、一九五二年一一月の「問題解説」欄の終了と共に姿を消すことになる。

「社会科は民俗学そのもの」か

「問題解説」欄は、「研究者のための問題の所在点と、初学者のための研究法を明らかにせんとしたもの」であり、こうした「基礎的な解説」が社会科研究にも「必需」であると主張されていた。しかし実際には、民俗学研究者の「問題解説」は、民俗学に入門するための予備知識としてはよいが、社会科教育との関わりがあまり意識されていなかった。

つまり民俗学の各分野の問題の所在は示されているが、教育現場から寄せられた問題を取り上げ、それをいかに取り扱うかという側面が明示されていないのである。かつて山口弥一郎が「社会科の頁」欄で指摘していたように、民俗学研究を行うことがすなわち社会科になるのではない。山口は、教師として社会科に取り組んだ経験をふまえて、次のように述べる。

民俗学とは実に密接な関係があり、民俗学の充分な素養がなければならないが、社会科はやはり独立した一つの目的を持つ、最も貴重な一教養科目であることを充分に自覚して取り扱う必要がある。

そして「民俗学を学んだ者が取扱うと、民俗学研究の線で止《や》めて終《しま》うのではないか」という問題提起を行っている。この点を民俗学研究所員たちはどのようにとらえていたのだろうか。山口のように、民俗学と社会科とを区別していた者は少数派で、一般には、社会科の研究方法を「民俗学そのもの」だと解釈して、民俗学をそのまま解説することが社会科研究に役立つと考えていたのではないだろうか。もしこのような仮説が成り立つとすれば、民俗学者による民俗学と社会科との関係のとらえ方は、柳田の理解とは異なるものであったと言わなければならない。

柳田は、一九四七年五月二七日の民俗学研究所世話人会では、民俗学で「ほゞ社会科の全部がまかなわれる位」と発言しており、ここから彼が社会科は民俗学そのものだとみなしていたと解釈されるようである。しかし柳田は、その後、「その材料を全部民俗学からとることは出来ない」とも述べており、民俗学が社会科の教育内容をカバーできるとは考えていない。この点について考えるために、第三節では、柳田の社会科構想の目的についてみていくことにする。

社会科教科書の編纂

柳田の指導のもとに成城学園初等学校と民俗学研究所とでそれぞれ進められてきた社会科のための研究活動は、教科書作りを通して統合されることになる。一九五一年一〇月に『社会科単元と内容』が刊行された後、教科書『日本の社会』の編纂作業がはじまる。大藤時彦、大間知篤三、大森志郎、亀山慶一、千葉徳爾、直江広治、萩原龍夫、山階芳正、和歌森太郎など、民俗学研究所の関係者のほか、菊池喜栄治、白井禄郎ら成城学園の関係者が協力している。

教科書編纂に際しては、成城学園から多くの資料が提供され、成城学園初等学校での社会科教育の実践が教科書『日本の社会』の母体となっている。『日本の社会』の内容構成は、柳田の主催する研究会で検討された単元案『社会科単元の内容』や『Curriculum』（一九五〇～五二）とほぼ同じ構成をとっており、成城学園での実践が活用されていることがわかる。さらに一九五二年一一月には、『日本の社会』の教師向け指導書『学習指導の手引き』（一九五四）の執筆がはじまり、成城学園初等学校の教師たちが主体となって編集に携わった。

『日本の社会』（小学校用）は、一九五三年に検定合格となり、翌一九五四年度には合計約一六万冊が採択されたが、それ以降の売れ行きはよくなかった。これは、一つには、出版元の実業之日本社が、『日本の社会』を単独で扱っていただけなので、複数科目を扱う大手教科書会社との販売競争に不利であったからだと言われている。

また『日本の社会』は、小学校段階のみであり、そのユニークな内容が逆に中学校段階の社会科との接続を困難にすると受け止められたことも不幸な点であった。『社会科教育法』（一九五三）には、中学校段階の社会科単元の項目も掲げられており、柳田の社会科教育構想が義務教育の全期間を対象としていたことが推察できる。

中学校用教科書『日本』は検定不合格となり、その後、書き直しが困難で結局そのまま陽の目をみることはなかった。当時編集に携わった直江広治は、「中学校社会科の方は、民俗学を活用すると言っても、うまくつなげることが困難であったという苦い経験が残っている」と述べて、柳田社会科が解体した一因として、中学校段階の教科書が作れなかったことを挙げている。このため柳田の社会科構想は、小学校―中学校と一貫して実践を通して練り上げ、教材化される機会を与えられなかった。

『日本の社会』が出た頃は、『学習指導要領』の改訂で社会科の方針が大きく変換した時期である。一九五八年度版学習指導要領は、経験主義から系統性重視に方針が変わり、学習内容も増加した。一九六〇年代に入ると、全国統一学力テストも実施され、学習指導要領に即した教科書通りに教えた方がテストに有利となることから、ユニークな社会科教育が実施されにくくなる。成城学園初等学校も一九六二年に文部省案に沿って社会科単元の大改訂を実施し、柳田社会科から離脱するという経緯があった。

成城学園では、柳田社会科を実践していたのは初等学校のみであり、中学校では別の社会科を行っていた。このため成城学園内部でも、早くから小学校と中学校の接続がうまくいかないという不満が中学校側から出されており、中学校で系統的な学習を進める際に基礎学力不足だという批判の声が根強かった。柳田社会科実験校でのこの決定もあって、『日本の社会』は一九六三年に発行が中止される。こうして柳田の社会科教育構想は、教科書の完成からわずか一〇年目にして途絶するのである。

3　社会科教育の目的と方法

柳田は、一九四七年以降、座談会や雑誌などで社会科教育に関する見解を述べているが、社会科教育への提言は、当初、歴史教育構想として登場し、しだいに独自の社会科教育構想として展開されていく。ここでは、社会科教育構想の①目的と②方法を明らかにしたい。

①社会科教育の目的

「史心」の養成

成城学園の教師との話し合いで、柳田は、社会科の目的を「史心」の養成に置き、「ごく普通の人が口にするところの社会といったもの」に解釈する必要があるとして、「社会」という語を「世の中」「世渡り」「生き方」などの口語に結びつけて理解している。「社会科のこと」(一九四八)でも「以前親々が全身の力を籠めて、子供を人にしようとした計画の大部分」は「社会人生を学ばしめる」こと、「彼等と世界、彼等と文化」について教えることであるとして、これを社会科が引き継いだのだと述べる。

そして子どもを「完全な世の中の人に育て上げる」ために、「国民全部に史心を持たせること」、「わかりよい言葉を使って、史心を養うということ」が社会科教育の目的であるとした。「史心」は次のような歴史観に基づいている。

ものには歴史がある。現在あるすべてのものに原因のないものはない。現在と過去とすっかり同じものは一つもない。昔のものは今は変っておるが、変るものには変るべき理由があって変ったのだ。

これは、戦前に主張された歴史教育構想における歴史観と同じである。柳田は、実生活における問題を解決するためには歴史に学ぶ必要があると強調していた。それゆえ、将来への見通しを立てて現在の問題を解決していく際には、判断の基礎を歴史に求め、変化の過程から物事を考える必要があるとして、「史心」の養成を主張したのである。

柳田は、社会科教育を行うねらいとして、以下の四点を挙げている。

まず第一に、「歴史には順序があり、原因がある」ことを重視し、歴史に対してどのような態度を取るべきかを教えること。

この点は、歴史を教える重要な目的の一つであるにもかかわらず、戦前の歴史教育には欠けていた点であると述べる。柳田は、「現在の生活疑問は、大小に拘《かかわ》らず、近世史によって一通りの解釈が付くといふものが多い」ので、特に近世史を重視して「上から順に古いところから説かずに、尻から新しいところから古い方へ遡って教えて行く」「倒叙式《とうじょしき》」を提示する。

そして、社会科教育によって「とにかく歴史は面白いものだ。そして、昔のことを尋ねよう、知ろうとするならば、尋ねる方法さえあれば、必ず答えられるものである。そして子供でも尋ねようとすれば方法はあり、わかるのだということ」を教えておくこと、つまり歴史を探究することの重要性を教える必要があると考えていた。

探究する力と考える習慣

第二に、学習が学校教育だけで行われるのではないことを義務教育期間中に自覚させること。なぜなら、「学校で覚えた知識は決して一生の間に必要な知識の全部ではない」ので、中学校卒業後、必要に応じて各自で学ばなければならないからである。そこで、「学び方によっては、段々にわかって行くものであること、拡げればいくらでも拡がるのだと言うこと」を義務教育で教えたいという。この意味で、社会科では、一生を通じて自分で学ぶ力、探究する力の基礎になるものを培うことが重要な目的だと考えていたことがわかる。

第三に、「かれら（＝子どもたち）に必要な、生きてゆかれるような、自活に便利な」知識と判断力とを与えること。柳田は言う。

ほんとに正確な知識を与えておけば、判断は自然についてくると思います。（正確な知識を教えることが）正しい解決の能力を与えるのです。

つまり判断力は、自分で物を考える習慣から養われるものであり、知識を与えればただちに判断力が育つわけではない。何よりもまず考える力を培うことが前提になる。それには「安全な知識」が必要であり、そのような知識や事実に基づいて各自が考えることを通じてのみ、自然に判断力が育つのである。

このため、「（子どもの判断力が）自然に発達してそこへゆくのと、予想してそこへゆかせるのとは」、全く別物であるとして区別している。そして「こうすれば正しい判断になるということを、はじめからきめてはいけない」と述べて、小学校の社会科では、判断力を自然に発達させていくために、「ほんとに正確な知識」を教えるところまでにとどめておくべきだと主張した。

このように、①歴史に対する態度を確立し、②そのために必要な探求方法を教え、③判断力の養成と基礎になる知識の教授を主張してきた柳田は、社会科教育で歴史をどのように教えるかについて言及する。柳田は、当時の学習指導要領が、「全体として歴史というものに遠ざかりすぎている」と感じており、現在の事象を取り扱う際にも「なぜこう変わったのか」が問題になれば、歴史の知識が必要とならざるをえないと考えており、社会科教育全体が歴史を学ぶことを意味していた。

そこで、第四に、広義の生活史を社会科の教材として位置づけ、子どもの現在の生活につながる郷土の歴史から始めるべきこと。

そうすれば、「歴史という範囲が広くなり、郷土の歴史が、国の歴史と対立しないようになれば、郷土のことをやることが、そのまゝ国のこと、すなわち、国の歴史となる」と述べて、学習者にリアリティのある身近な歴史を教えることを通して、「彼等と世界、彼等と文化」との関係を学ばせることができると考えていた。これらの見解が、社会科の新設を契機にはじめて構想されたのではないことは、それ以前の主張からも明らかである。

「自ら知らしむる」こと

柳田は、一九四七年春の座談会で、社会科を「古くからあったものの改造」とみなしているが、「歴史教育の使命」（一九四六）では、歴史を「われわれの過去の経験」と位置づけ、「これによって現代を解釈、批判しよりよき将来を計画しうること」、「生徒達が大きくなった後までも、事ある毎に判断の基礎を正しい過去の知識に求めるやうな気持ちを養成すること」を新しい歴史教育の目的として、次のように述べる。

歴史の結末は、自分と国との関係、幽《かす》かなものと国との関係でなければならず、（中略）更に進んで、個々人と世界との関係を教へる学問は、歴史教育以外にはないことに想ひを致すべきである。

だからこそ、判断の基礎として必要な歴史を教えなければならない。柳田は、「一般民衆の需要」に乏しい教育内容を、「生活の根本問題たる衣食住」「婚姻や誕生、葬制」を含む歴史に改め、生活上の疑問を解く鍵となる「近世史」に重点を置くべきことを主張した。ここでは「史心」という語を使っていないが、彼が主張したことは、「史心」を養成すべき「歴史教育の使命」にほかならない。

「歴史を教へる新提案」（一九四七）は、歴史教育を社会科教育に読み替えると、柳田の社会科教育構想の大原則が提示されていることがわかる。既述のように、社会科教育の目的は「史心」の養成を通して子どもに自立した思考力や判断力を培うことであった。その際、自分の生活や体験と結びつけて歴史をとらえ、そのような自分の生活に根のある歴史をもとにして主体的な能力の育成を図ろうとしたことが特徴である。

柳田は、「社会科のこと」（一九四八）で次のように言う。

個々の立場を自覚する能力を、今ほど急いで培養しなければならぬ時代は無く、それを訓練する場所は普通教育より他にはありません。

それゆえ社会科は、「彼等と世界、彼等と文化」について教え、「社会人生」を学ばせて、「個々の立場を自覚する能力」を培うことを強調したのである。そして「人が自分の足で立ち又歩くといふ、至って有りふれたこと」を教えて、「それが未来の大いなる合同に帰着すれば結構ですが、たとへ即座には望み得られなくとも、なほ私は彼等をして『自ら知らしむる』ことを、普通教育の目標としたい」と述べている。

②社会科教育の方法

「史心」を教える方法論

では、実際に社会科教育では、どのような点を考慮して「史心」の養成を行うのであろうか。次に、社会科のねらいとの関わりで「史心」を育てる方法論についてみておく。

柳田は、従来の歴史教育における「歴史」の概念が狭かったことを指摘し、「もっと広い意味の歴史」を教えて「個人として持っている歴史に対する考え方」を改め、「時の順序」とか「ものの変遷」の意味で歴史をとらえさせたいと考えていた。すなわち、歴史とは、

「今は昔でない。昔といっても一つのものではなく、幾つも変わっている。昔は今の通りではない」ということを意味していた。つまり歴史の知識は、過去だけを取り出したものではなく、未来・現在も含むものであった。このように考えると、社会・文化と自分との関係を学ぶ社会科教育では、歴史を教えることが不可欠となる。

そこで、社会科教育で「歴史には共通点がある」と教えることで、「帝王の歴史」と「村々の食物史」とが無関係であるという認識を改めさせたいと述べる。このように「ものの変遷」に重点を置き、政治史と普通人の生活史とを連続するものとしてとらえる歴史観は、柳田が社会科教育でめざすものを考える際に重要な手がかりを与える。さらに柳田は、教師自身がこうした歴史観を持つべきことを要求し、それを「広く一般の歴史の問題」としてとらえていたことにも注目する必要がある。

「歴史を教へる新提案」（一九四七）では、具体的な方法の一例として、学校を中心とする町村の地図を用いた学習案を呈示する。

柳田は、従来、高学年で教えていた歴史教育を第三学年から教えることを想定して、郷土地理と歴史とを結びつけたものを「歴史教育」であるととらえた。その際地理は、自然地理の「下ごしらへ」程度に学習させ、まずは白地図によって生徒に質問の練習をさせる。

次に、地図を書き込み完成させる過程で、曖昧な事柄を新たに調べる必要を感じさせ、答には正しいもの・正しくないものがあること、調べればわかるものだということを体験させる。こうして自分のよく知っている地域をまず押えさせ、そこを出発点として生活上密接な関係にある周囲の地域とのつながりへと進めてゆく。

その際、特徴的なことは、まず地理的な学習で川や道路がどこへ行くのかを考えさせて空間的な広がりを感じさせ、それを「時といふ無形の流れ」(=時間的な広がり)へとつなぐことである。子どもが実感しやすい空間的な広がりから入り、時間的な広がりである歴史を認識させるという方法は、「史心」の養成に地理的な学習が不可欠であることを示している。この意味で、「史心」の養成が、単なる歴史的な分野の学習目標にとどまらないものであることがわかる。

こうして柳田は、いくつかの方法を組み合わせて時間・空間の概念をつかませ、「出来るだけ言って聴かす言葉を少なく、子どもが自ら心づくことを多くしたい」と考えている。

社会科教育方法論の特徴

柳田は、この学習案について、次のように述べている。

大きな世界の表面における自分の立っておる地位を教えるということは、ほとんど永久に近いような長い間の開きを教えると考えて、意識させるようにしていけば、言わず語らずの間に歴史というものが非常におもしろくなって、今日までのように国史々々でやかましくいっておった時代の歴史知識よりは大きいものがこの六年間に与えられるのじゃないか。私のいわゆる史心というものが確かに豊富になってくるのじゃないかと思います。

この場合、地理学習は、「一つの社会、一つの時代といふことを、最も簡単に意識せしむる手段」とみなされ、「学問としては寧ろ歴史の系列に属し、その大切なる基礎をなすもの」だと考えられていた。つまり社会科では、「自分の周囲から隣へ、そこから遠くへとひろがってゆく」方法によって、子どもは歴史と地理の両側面から郷土の生活を学ぶのである。

こうして郷土から国土、そして外国へ、より大きな世界へとつないでゆくことが可能になる。それゆえ、具体的な教育内容としては、「普通人の生活の変遷」を取り上げ、子どもの身近な、認識のしやすい生活から、現在自分が置かれている立場や世界との関係を学習させようとしていたのである。

ただし柳田は、「小中学校（の社会科）では疑問を持たせて指導するが、採集しない方がよい」と述べて、子どもに社会調査をさせることを疑問視していた。当時は、一般に見学・インタビューなどの調査活動が社会科で行われていたが、社会科を社会調査的な郷土学習とは異なるものとみなし、教師の準備した「古い、確実な今までの材料」を利用して学習を進めるべきものだと考えていた。この意味で、彼の社会科教育構想は、確実な「郷土の歴史」から歴史についての考え方を学ばせ、そこから「史心」を培うことが特徴であったと考えられる。

　また学問的な系統性に即した「基礎的なもの」を細切れに教えることよりも、子どもの考える力や認識能力を育てることを重視する構成を採用した。このように柳田は、歴史と地理を共に含むものを社会科教育ととらえ、空間的な広がりや時間的な広がりから子どもが自分と外部との関係を認識してゆくことをめざしていた。自分と外部との関係を認識することは、「個々の立場を自覚する能力」の獲得、すなわち「史心」の養成がめざす主体性の確立の前提となるものである。

　柳田は、学習する子どもの立場から、教師の役割として次の二点を挙げている。

　第一に、子どもの興味や好奇心にはたらきかけて、自発的な知識欲に根ざす「腹の底から出た」質問を大切にし、それを学年と共に伸ばしてゆくこと。第二に、間に合わせの答を教えるのではなく、「他日必要と思へば、たやすく尋ねるやうに、過程といふものの存在に注意するだけの、習性」を付与し、必要となる「事実（＝歴史の知識）」を「正しく」認識させるべきこと。

子どもの疑問と「最低基準」

柳田は、社会科教育が「成功」であるか否かの目安として子どもの疑問に注目している。

鈍い無口な生徒までが、自然にめいめいの疑問を持って来ることと、それが彼らの心から出たものであって、しかも我々の是非答えてやりたいやうな、適切なものになって来ることである。

そこで、「腹の底から出た」質問や「自然に抱く疑問」を記録して整理し、参考資料とすることを勧めている。そうすることで子どもの興味や関心、知識欲など、認識能力の自然の発達の道筋が明らかになり、「奇抜な質問」を抑えて「自発的の知識欲に対する、ほんとうの」指導が可能になるというのである。

その際、柳田は、「要求の中心は必ず学校の中に在り、それが幸ひにしてほゞ共通であるとすれば、それを見出し又確かめることも、亦先生の職責でなければなりません」と述べる。つまり教師を「個々の児童の『我が疑ひ』彼等自らの生活から、自然に生まれて来なければならぬ知識欲に、国として又同時代人として、正しく応答すべき先輩」であると位置づけて、次のように言う。

たゞ久しい間すなほに物を訝《いぶ》かることを教へられず、黙ってぽかんと聴いて居る習はしに馴らされた小さい人たちに、いつも適切な問を順序よく、出させようとするのは容易な仕事ではない。それ故に沢山のあどけない不審の中から、出来るだけわかりやすく、又多くの子供の共同の関心と思はれるものを拾い出し、時としてはまだ誰もが口に出さぬ要望を察知して、答へてやる必要もあるのですが、是は僅かな手数のうちにも、土地毎に大よそは見当が付くと思ひます。

すなわち柳田は、「児童の疑問の整理」によって「多くの子どもの共同の関心」をつきとめることが「適切な問を順序よく、出させ」ることへの準備にもなると考えている。

しかしながら現実には時間的な制約もあり、子どもの疑問を中心に据えつつ、同時に歴史の知識をまんべんなく教えることは困難である。柳田は、小学校では子どもの興味を活かして散漫に教えてもよいが、中学校では、「前に教へたことを利用して、ほんとうの学問を教えなければならぬ」と述べている。

そこで、小学校教育の有限性を認め、卒業後自分で自分の力を発達させていくようにし向け、準備教育をしてやることが必要になる。このため、「昭和二十八年なら二十八年、昭和三十年なら三十年というある年代において、その時代における日本の、普通の人間のもっている一人前の能力というもの」、すなわち「最低基準」を設定し、子どもがそこに到達できるように「引上げていくこと」が要求された。

このように、柳田が義務教育としての「最低基準」を設定する必要性を強調したことは、注目すべき点である。さきに小中学校では採集しない方がよいと述べたのはこの点に関連がある。限られた義務教育の期間内に、「一人前の能力」や「最低基準」を押さえておかなければ、後日、子どもたちが「自分で自分の力を発達させていく」ことができなくなるからである。それゆえ自修能力の基礎になる思考方法と判断の材料になる「安全な」知識とが「最低基準」として必要になるのである。柳田の社会科教育構想は、この点で、無目的に散漫な学習活動をさせている形式的な児童中心のあり方とは根本的に異なっていた。

4　教科書『日本の社会』

教科書は参考書

こうして柳田は、歴史教育の改革案から社会科教育構想へと持論を展開してきた。そこで繰り返し強調したことは、教科書を絶対視して知識を限定することに対する批判である。すなわち、教科書に載っている「歴史」を教えるだけでは、試験のための暗記に終わってしまって何のために「歴史」を学ぶのかわからず、「歴史」の知識が自分たちの一生とどう関わるのかを考えさせないことが多かったというのである。

つまり「歴史」の知識を限定すると、学習者の歴史観や歴史的な思考力・認識力の形成にも影響を及ぼすと考えていた。このため、従来は〝教科書を教える〟ことが重視されていたが、これからは、学習に必要な資料や参考書を豊富に用意して、教科書を使用せずに教える方法をとるべきだと主張した。その際柳田は、必要な資料を提供して教師を援助し、また「土地毎の疑問に答へること」に協力するのが民俗学の役割だと述べている。

ただし柳田を教科書無用論者だと即断してはならない。彼は、教科書が全く無用だと主張したわけではなかった。彼は、教科書を作るのなら、何のために普通教育で歴史を学ばせるのか歴史教育の意義を考えるべきことを主張している。戦後、柳田が教科書を使わない方針を提示したのは、学習者の生活の実際や需要を無視する教育方法に異議を唱えるためであった。

その際、条件として、「土地々々の選択を妨げないやうに、成るべくは、其種類を豊富にし、又一巻の分量もぐっと多く」すべきだとして、教科書をそのまま教えるやり方を改めたいと述べている。この意味で、教科書は、絶対的な教育内容としてではなく、一種の参考書として位置づけられている。そこで、「教育革新の最初の手段」として、印刷事情の許す限り、教師のために「有効なる参考書」を多量に供給する必要性を強調している。

また、子ども用参考書は、教師が自作するもの以外に、「其中から入用と思ふものを拾い出せるやうに、少なくとも倍以上の分量のもの」を与えるべきだと考えている。こうして柳田は、国家に承認された正しい知識としての国定教科書を絶対視する教科書観を改め、教科書に拘束された教育方法を改革することを企てていたのである。

そこで社会科で「世の中」を教える教材として、「食物の変遷」「道具の変遷」など衣食住の問題や、「交通（「精神的な交通」である交際も含む）」「言語芸術」「しつけ」「（広義の）産業」などを挙げている。そして身近な事柄から「楽しみながら」「史心」を培うことが可能だと考えていた。

この場合、「食物の変遷」そのものを学ぶことが目的なのではない。子どもたちは、歴史から変遷を促した条件や人々の選択・改良、習慣の意味について学ぶのである。そして食べ物という身近な物にも歴史があることを知り、現在の生活もまた、歴史の流れに続くものであると認識する。これが生活史を通して柳田が与えようとしていた歴史観である。

以上のように、柳田は、社会科によって子どもを歴史を活用できる人間に育てることをめざしていた。このため従来軽視されてきた生活史を歴史の中に位置づけ、それを材料として考える習慣を養い、疑問を持ち、その疑問を「共同の問題」へと育てることを社会科の重要な役割とみなしたのである。このように「史心」を養成する過程で、後の主体的な判断力や選択力の基礎になる思考力が鍛えられてゆくと考えていたのである。

教科書で話題提供

成城学園初等学校は、一九四七年の段階では、一学期は食物、二学期はきものという全学年共通の大単元制を採っていた。これに対して、柳田は、大単元制の社会科では、「学校を出たときに、知らなければならないこと」をもれなく教えることが困難であること、また当時流行の行事中心カリキュラムでは、「卒業するまでに教えなければならない所」が取り残されて、「人生に重要なことでありながら触れられないこと」が出てくることを指摘した。

そして多数の子どものためには、「是非教えなければならない所」を学年ごとに配分し、「総括的な単元」を決めるべきだと述べている。この批判は、義務教育における「最低基準」を決めておかなければならないとする主張と重なり合うものである。小学校の社会科は、一生を通じて自分で学び続ける習慣や思考力・判断力の大切な基礎を養成する目的を持つと考えるからである。

ただし柳田は、「その材料を全部民俗学からとることは出来ない」と述べており、民俗学の知識を教えることがそのまま社会科になると考えていたわけではないことがわかる。成城学園では、試行錯誤の末、柳田と共に社会科単元についての研究会を続けることになる。

こうして柳田の社会科教育構想は、成城学園への協力を経て具体的な単元にまとめ上げられた。

　柳田は、多くの論考で、教科書がなくても社会科教育はできると主張していた。にもかかわらず、教科書『日本の社会』（一九五四）を作成している。既述のように、柳田が教科書を不要としたのは、教科書を教え込むことが歴史教育であるとみなす考え方を改めるためであり、歴史教育を何のためにするのかを根本から問い直し、改革しなければならないと主張するためである。このため目的を見失って右往左往する混乱状態を鎮めるためには、文部省案とは別に、教師の参考になる見本を示す必要があると考えた。

　また柳田は、単に成城学園のためだけに社会科に取り組んだわけではなかった。むしろ、成城学園のような恵まれた環境にはない多数の小学校を念頭に置いて、社会科に対する現場の戸惑いに手がかりを与える教科書を作成しようとしたのである。したがって『日本の社会』では、教科書に書かれていることを教えるのではなく、教科書を参考にして教えることができるような話題を提供することをめざして、教材の構成を行ったのである。

基本方針と特徴的な教材

　柳田は、教科書の巻末にある「先生と父兄の方へ」の欄で、『日本の社会』の基本方針を示している。

教材は日本民族の文化的発展のなかからえらぶようにし、それを各単元のなかで生かし、日本の社会科学習にふさわしい教科書とするようにつとめました。

そして各学年ごとに「その趣旨を十分生かした」教材を挙げている。

『日本の社会』の特徴的な教材

①子供の身近な所から出発し、「歴史」を通して物事を考えさせる

「こよみ」「たべもの」「うたとことば」（三年）

「すまい、あかり、ねんりょう」「着物」（四年）

「道具のむかしと今」（五年）

②人と人との関係や社会生活における共同の意味を学ばせ、「ものごとを正しく判断できる力」を身につけさせる

「友だち」（四年）

「共同生活」（五年）

「社会と人」「人の一生」（六年）

③生活の場に注目して世の中のことを知るための方法を教え、「むかしの人たちの苦心のあと」を学ばせる

「私たちの町や村」「産物をふやそう」（四年）

「日本という国」「移住」（五年）

つまり子どもに学ばせたい内容が衣食住など、身近な生活に根ざした事柄から選ばれていること、身近なところから出発して認識を広げてゆくのに必要な生活の歴史と関わらせて考えさせる方法をとること、ものをみる視点や考える方法を呈示するように配慮していることなどが『日本の社会』の特徴である。

以下に、一九五四年度版『日本の社会』の単元を挙げておく（第一学年は、『取り扱いの手引き』による）。これらの単元と先に挙げた『社会科単元と内容』（一九五二）での単元とを比べると、学年の変更などもいくつかあるが、ほぼ同じであることがわかる。

『日本の社会』の単元名（**太字が特徴的な教材**）

第一学年「わたくしたちは一ねんせい」「からだをじょうぶに」「なつのたのしみ」「がっこうのいちにち」「うちのひとたち」「がっこうのきんじょ」「あきのよろこび」

「ふゆがくる」「おしょうがつ」「なかよくあそぼう」「もうすぐ二ねんせい」

第二学年「なかよし」「川」「とおいところ　ちかいところ」「あたらしいもの　ふるいもの」「ゆうびん」「しごと」「火」「あんぜん」

第三学年「海の人たち」「山の人たち」「どうぶつとしょくぶつ」「かいものとみせ」**「たべもの」**「じょうぶなからだ」**「うたとことば」「こよみ」**

第四学年「友だち」「私たちの町や村」「産物をふやそう」「本」**「すまい、あかり、ねんりょう」「着物」**「交通」

第五学年「日本という国」「人間と自然」**「道具のむかしと今」**「私たちの生活と労働」「工場」「私たちの生活と消費」**「共同生活」「移住」**

第六学年「報道」「日本の貿易」「世界の人々」**「社会と人」**「選挙と政治」「平和」**「人の一生」**

『社会科単元の内容』から『日本の社会』へ

次に、柳田の社会科教科書に至る教材化の過程をみておくことにしたい。『日本の社会』の原型である『社会科単元と内容』では、⑴単元設定の理由、⑵目標、⑶取扱上の注意、⑷

学習展開の一例、(5)効果判定、(6)新しいことば、(7)資料の七項目にわたって解説がなされている。これらは柳田の講義の筆記記録に基づいて、成城学園の教師たちが実際に授業を行って教材化したものである。

これを柳田の講義そのままとみるわけにはいかないが、単元設定の理由、目標、資料の項には、柳田の講義がかなりの割合で反映されていると考えられる。それゆえ、この点に注目すれば、柳田が社会科の具体的な中身としてどのような事柄を教えようとしていたのか、またその際、特にどのようなところが重視されていたのか、その教材を通して何を身につけさせようとしていたのか、などが推察できると考える。

そこで具体例として、①「すまい、あかり、ねんりょう」（四年）と②「人の一生」（六年）に注目して、学習のねらいをみておきたい。

①「すまい、あかり、ねんりょう」では、変化を引き起こした条件や限られた条件のもとでの工夫・改良の歴史を学習する。この単元は、住まいの歴史に学び、生活様式の改良に目を向けさせようとしており、柳田の考える社会科の典型的な単元例であるといえる。

『社会科単元と内容』の教材例①「すまい、あかり、ねんりょう」

（単元設定の理由） 生活と密接に結びついている〝すまい〟は、常に「新たなる改良の問題」を含み、特に〝あかり〟と〝ねんりょう〟は〝すまい〟の変化に深く関連している。「すまい」の変遷を学ぶことは、「すまいの改良の問題」を考えるだけでなく、「時の問題と其他の関係を考えるのに最も適した単元」でもある。

(学習内容) ①身近な所から「すまいのうつりかわり」を学び、「現在の生活様式の上からみて改良されねばならないいろいろの問題」に気づかせる。②「すまいが住む人の生活に応じて工夫されていること」や「室内を明るくするためにはらわれて来た努力のあと」を理解させ、「すまいの構造」と〝あかり〟や〝ねんりょう〟の問題を考えさせる。

(教師の準備)「すまいのうつりかわり」や室内照明・家庭燃料の変遷についての知識、土間の面積の変化と生活様式の変化との関係についての知識、草屋根の減少と「ユイという共同作業」の解体の関係についての知識。

②「人の一生」では、この教材を契機に各自の成長を振り返り、それと共に、家族や地域社会など社会集団の一員としての自己を認識する。このような単元は、同時代の社会科教科書では他に類をみない。これが小学校の社会科教育の最終学年に設けられているのは、柳田が社会科を「世間教育」「生き方教育」とみなして重視していたことを意味するものである。

『社会科単元と内容』の教材例②「人の一生」

（単元設定の理由） 小学校の六年生を人生における画期と位置づけ、この機会に「人生をみつめ、人の一生についての理解を深める端緒《たんちょ》を養」い、同時にまた、「他人、老人、幼少年者などに対する心情を養う」。「人生にいくつかの段階があること」に気づかせ、各段階における生活の変化を学び、「人生を心楽しく力いっぱいすごそうとする心」を培う。

（学習内容） ①生まれてから満一年位までの産育習俗をとりあげて、どのような意味が込められているかを考えさせたり、「青年期の後退」では、「一人前」を社会的に承認する「成年式」の意味が現在は薄れてきたことに注目させる。②人の一生を通じて「養われることを必要とする期間」の存在に気づかせ、この期間を保障するには、社会的な制度や施設等の整備の問題があることを学ばせる。それによって「思いがけぬ生活上の変化に対する心がまえ」と「人の幸福のためにとられている社会的制度、施設」について理解させる。

（教師の準備）「人の一生についての問題」「赤ん坊時代」「青年期の後退」「保健政策のしくみ」についての知識。

これら二つの教材は、『日本の社会』においても、「日本の社会科学習にふさわしい教科書」としての「趣旨を十分に生かした」教材とみなされており、「史心」を養成するために適切な教材として、柳田が自信を持っていた教材であったといえる。

「研究書」と『日本の社会』の比較

既述のように、成城学園では、第四学年以上で児童用の「研究書」で社会科を学習していた。『社会科単元と内容』では、単元設定の理由や目標、展開例、資料などから教師が実際に教材化しなければならないが、「研究書」はそれらの諸点が子ども向けの教材として文章化されて、イメージがつかみやすい（教材として具体化されたものが、柳田のねらいを十分に反映しているものか、それとも成城学園の教師たちの考えが強いか、という点は別として）。『日本の社会』と比較すると、以下の点が明らかになった。

①「すまい、あかり、ねんりょう」（四年、一九五二）
・内容的には重なる部分が多いが、『日本の社会』の方が配列など整備されている。「研究書」では、『社会科単元と内容』に示されていた資料がそのまま利用されている。
・江戸時代から石器時代までの時間的な幅を「むかし」という語で一括しており、全般に「昔の生活」や「田舎の生活」を学ぶことが強調されているが、何のために「昔」や「田舎」に目を向けるのかがわかりにくい。このため家や照明器具、燃料など個々の事柄の背後にある、時の流れとしての歴史を認識させることはなかなか困難であるようにみえる。

・また作業として「都会ではみかけないめずらしい家」の写真や絵を集めたり、昔の照明器具を写生させたり、模型の家を作らせたりすることが何のために必要なのかが明確ではない。

②「日本という国」（五年、一九五一）

・内容的には多少異同があるが、小節が教科書とほぼ一致する。古い地図にみる日本の地形の変遷――より正確になる過程――や外国人の日本像（外からみた日本）等「歴史」的な認識と地形的・気候的な特徴等、地理的な認識とを組み合せて日本をとらえる工夫がなされている。

・ただし「研究書」では『社会科単元と内容』で登場した資料がそのまま使われており、教科書に比べると資料が詳しいが、目的以外のところへ関心が逸《そ》れる可能性もある。①に比べて無意味な問いかけや作業はない。

③「人の一生」（六年、一九五二）

・内容的には教科書と一致しており大きな違いはない。「研究書」は民俗学的な資料が豊富。社会保障の説明は教科書が詳しい。人生についての観念を持たせ節目を感じさせる、社会生活の相互依存の仕組みに気づかせるなどの目的は果たしている。

これらの「研究書」での資料の取り扱いは、ややもすると、断片的な民俗学的知識を豊富に与えることに重点が置かれて、教材を通してものを考える側面が軽視されるおそれがある。また『社会科単元と内容』の資料が、本来は教師側の準備として必要な知識であったものが、ほぼそのままの形で子ども用の資料として扱われている点にも問題がある。したがって、成城学園で実際に行われた社会科教育は、柳田が構想していたものとは隔たりがあったのではないかと考えられる。

具体的な教材の検討

続いて、『日本の社会』の教材を検討するが、内容的な教材例としては「たべもの」を、方法的なことに言及している教材例としては、「私たちの町や村」を取り上げて、柳田の構想が実際にどのように具体化されているのかをみておく。

『日本の社会』の具体的教材①　三年生の教材「たべもの」

はじめに〈めでたいときのたべもの〉で、子供に印象深い日を取り上げ、ごちそうや餅の話・近所からのおすそわけの話等、同じ食物を食べることと「協同」の関係を示し、身近なところに人間の社会生活の深い意味があることに気づかせる。

次に〈たべもののうつりかわり〉で、主食の米を昔の人が特別な食物と考えていた話から、主食の変遷、野菜・魚・肉・お菓子等が以前はどうだったのか、に話を進め、食生活や文化の変化を感じさせる。

さらに〈しょくじのしかた〉で、食事回数がなぜ三度なのかを昼食の意味を手がかりに考えさせる。そして食事と労働の関連を示し、食習慣を成立させてきた要因が生活の中にあることを悟らせる。

このように、①「たべもの」では、従来の歴史教育では除外されてきた生活の歴史を学ばせ、食生活の変遷や意味の学習から「歴史」を手がかりに物を考える子どもを育てようとした。このテーマは、戦前に書かれた子ども向け読み物や教師を対象とした『食物と心臓』（一九三二）でも重視されており、柳田が時間をかけて練《ね》り上げてきた教材であるといえる。

『日本の社会』の具体的教材②　四年生の教材「私たちの町や村」

ある町をモデルにして郷土を調べる方法を学ぶ。

特に〈きょうどのうつりかわり〉では、現時点での調査にとどまらず、郷土の移り変わりに重点を置き、交通や産業の変遷を通して町がどのように変わったかを理解させて、変化の原因を考えさせる。

〈きょうどと子ども〉は、「きょうどをすみよく美しくするためには、むかしの人たちの苦心のあとを知ることが大切です。そしてきょうどのうつりかわりをよく知らなければなりません」と述べ、郷土の変遷を知ることが社会改良や生活改善を行う際に必要な準備であると強調する。

この意味で「私たちの町や村」は、地理的な学習だけでなく、歴史的な学習もできるように配慮されている。

教科書『日本の社会』では、明確な形で探究の方法を示すものはこの教材だけであるが、以前はどうだったのか、どのように変わったのか、なぜ変わったのかを問うことによって物事を考えさせようとする姿勢は、全体を貫徹しており、柳田の主張した「史心」の養成というねらいが一貫して計画されている。

構想と実践のずれ

以上のように、教科書『日本の社会』から代表的な教材をみてきたが、その際、たべものやすまいというテーマが、柳田にとって特に重要なものだと意識されていることがわかる。たべものやすまいというテーマに注目するアイデアは、次節で述べるが、戦前に書かれた子ども向け読み物の中にすでにみられたものであった。

教科書『日本の社会』が短命で終わった一因は、教師にとって「扱いにくい」教科書であったことが指摘されている。しかしそれは、柳田の社会科教育構想そのものに胚胎《はいたい》する欠陥であるというよりも、柳田の社会科教育構想が正当に理解されず、教科書として具体化された段階で、すでに誤解を招く要因を抱え込んでいたのではないだろうか。最後に、柳田の社会科構想と成城学園での実践のずれの問題について考えてみたい。

柳田自身は、〈社会科は民俗学の応用である〉とは考えていなかったが、「民俗学者」柳田による社会科ということで、一般には、〈社会科は民俗学の応用である〉と受け止められていたのではないだろうか。

『Curriculum』に示されているように、成城学園には、戦前からの独自の蓄積があった。そして教育内容を構成するために柳田に協力を仰いだという経緯があったことから考えると、成城社会科の方法に、柳田社会科の内容を借りて、社会科教育を実施したのだとみることができる。すなわち、児童用の「研究書」は、ドルトン・プランの手引書であり、社会科教育の目標も柳田の主張する「史心」の養成であるよりも、民俗学的な知識を教育内容とする問題解決学習だったのである。

柳田自身は、問題解決学習をすべての子どもには不向きな方法とみなして、社会科では、子どもたちにすぐさま結論を出させることよりも、将来の思考力・判断力の基礎を養うことを重視していた。ところが教師用『手引き』には、「効果判定」欄があり、「どうしたらよいか」を子どもたちに話し合わせるように解説されており、柳田の構想とは異質な主張が展開されている。

「社会科は民俗学そのもの」という誤解

この点に関していえば、和歌森太郎が書いたといわれている柳田社会科の解説書『社会科教育法』（一九五三）と、教師用指導書『手引き』は、柳田社会科のねらいを十分に解説しているとはいえない。

まず『社会科教育法』では、例えば、「史心」について考えてみると、「史心」を歴史意識とみなす和歌森は、「史心」を歴史的分野の目標として限定的にとらえている。このため地理的分野の目標としては「風土感《ジッテ》」を登場させている。しかし柳田は、歴史も地理も含みこんだ「歴史的地理的ひろがり」として「史心」をとらえ、社会科教育全体に通じるものだと考えていたはずである。

また、成城学園の教師が主力となって編集した『手引き』では、「効果判定」欄がやや形式的で、断片的な知識の量ははかれても単元を通して得られたものの見方や考え方のような力は測定できないのではないかと思われる。このため「効果判定」欄に対応した「目標」では、こまごまとした知識の注入に陥る可能性がある。ちなみに「学習展開の一例」は、『社会科単元と内容』の「指導上の要点」の羅列《られつ》である。

これでは、結局のところ、教師は、教科書の内容を解説したり、補足説明することになり、単なる知識の伝達に追われてしまう。「教科書を教える」ことは、柳田がめざしたことではなかったはずである。このことは、柳田の社会科教育構想が和歌森ら民俗学研究所員や成城学園の教師たちにさえも理解されていなかったことを意味するものであろう。

「すまい、あかり、ねんりょう」を例に考えると、「あかり」の変遷について個々の事例を教えても、それだけでは、「あかり」の発達過程と各段階を代表する「あかり」の種類や順序を学んだにすぎない。改良や変化がある方向に進むことは、それ以外の方向がなかったというのではなく、いくつかの条件の中で人々がある方向を選択したことの結果である。その際、「なぜ、このように変化したのか」と問いかけ、何が原因となって変化が方向づけられたのか、と考えるのでなければ、「あかり」を媒介に歴史に接近したことにはならない。

ここで「あかり」についての具体的な民俗学的知識は、子どもたちから疑問を出させ、歴史にリアリティを持たせるための素材である。目的は、あくまでも歴史や歴史の変遷についての大まかな観念を持たせることにある。しかし教師がこの目的を理解していなければ、単なる民俗学的知識の教え込みに陥る。したがって〈社会科は民俗学の応用である〉という誤解は、柳田が社会科教育に込めた意図（＝「史心」の養成）が、教師たちに十分に理解されなかったために生じたものだと考えられる。

5　子どものための歴史教育構想

戦後の社会科教育のアイデアは、戦前の子ども向け読み物の中に見られる。ここでは、子どものための「史心」養成の教材として執筆された子ども向け読み物を取り上げ、戦前における柳田の歴史教育構想にふれておきたい。

①歴史観・歴史教育観

歴史を学ぶ意義

柳田は、原因と結果の連鎖である過去↓現在↓未来の推移を歴史とみなし、現在の社会現象はすべて過去の歴史の産物であるから、原因は必ず歴史の中にあると述べる。この意味で歴史は、現在の生活を理解して生活上の疑問を解明する手がかり、「生活改善」の指針、判断の材料として機能する。つまり過去の事実を知ることが現在の生活を解釈し批判する手段となり、未来の進路を予測し計画するための準備作業になると考えている点が、柳田の歴史観の特徴である。

このため学ぶべき歴史としては、実生活と結びついた歴史、具体的には衣食住から政治に至る人間生活の総体を扱う広義の生活史が想定されている。すなわち従来の歴史研究に欠落していた、記録に残されていない普通人の歴史や日常性の歴史が、新たに歴史の中に含まれてくることになる。このような立場からすれば、「人間の不幸」は、過去において未来への予測を誤り、正しい判断や必要な選択がなされなかった結果、あるいは「不幸を免れる方法」が発見できなかった結果ということになる。

柳田は、〝不幸は無知・無学の結果生じたものである〟が、〝「不幸を免れる方法」は必ずあり、それは歴史を学ぶことによって発見できる〟と確信していた。この確信が動機となって「史心」概念が成立するのである。それゆえ歴史を学ぶことによって、「考無し、智慧《ちえ》無し又は物知らず」の状態を脱し、常によりよい方法を考えて選択できるような判断力を獲得しなければならない。

柳田は、国民が社会的な問題を自分たちの生活の問題としてとらえ直し、「生活改善」を実行するためには、「自らの思慮によって、自己の行為を指導させる」ことが最良の方法であるとみなしている。このためすべての人が歴史を学ばなければならないとして、歴史を学ぶことを「未来を攻究する者の必要なる準備」と位置づけ、普通教育としての歴史教育を特に重視したのである。

②「史心」養成の目的と方法

子どもへの注目

『青年と学問』（一九二八）などでは、教育の対象として中等教育段階の青年層を想定していたが、「歴史教育の話」（一九四〇）では、初等教育段階の子どもに「史心」を養成するためには、歴史をどのように教えるべきかに重点を置いている。柳田は、なぜ子どものうちから「史心」を養成する必要があると考えるようになったのだろうか。

柳田は、「日本の歴史教育はこの数十年の間、少しでも成長したやうな様子が無い」、「普及はしたかも知らぬが深みは全く無くなって」「普通の知識にはなり切って居ない」という。そして「…何とか教へ方を加減し、余力を利用して、之を今まで法外に軽く見られて居た他の部分、即ち歴史学の成長素ともいふべきものの養成に、振り向けるやうにしたい」と述べる。この場合、「歴史学の成長素」は、「史心」を意味し、歴史学と普通人とを結びつける「台木」とみなされていた。

では、柳田は、どのような歴史教育が必要であると考えていたのだろうか。教師はどのような配慮をすべきなのか。彼の主張は三点に集約されている。

第一に、歴史教育の内容を広い意味の歴史とみなし、「国民合同の経験」である歴史は、広義の生活史や普通人の歴史を含むべきであるとした。そして歴史を学ぶことによって、「さまざまな災害を予防するの途」を発見し、過去の失敗を繰り返さずに済むと述べる。このため、故意に歴史を選別して「耳に快く心を楽しくする出来事」だけを教えても効果はなく、失敗の歴史・不幸な歴史も過去の経験として教えなくてはならないのである。

「準備」としての歴史教育

第二に、歴史を現代社会の切実な問題や生活改善の問題の手がかりと位置づけ、「今日の世の中のさまざまな現象には、原因が無くて斯うなって居るものは一つも無い。（中略）さういふ原因はすべて歴史の中にあること」に気づかせようとした。これは、「史心」に基づく思考方法の根底にある考え方である。そこで疑問がある場合には歴史が教えてくれるという信用を培い、「いままでの知識ではまだ説明がしにくくとも、尋ねて行くうちには早晩は判って来る」という「希望」を「若いうちに」教えることを重視した。

第三に、「史心」の養成は早期から必要であり、それは「問ふこと」によってはじまるものだと考えていた。柳田は、子どもを「非常に聴きたがり、又尋ねて教へてもらったことは格別によく覚える」存在とみなし、子ども時代にこそ、「問うことの利益、それから又学問に対する敬意と信頼」とを強く鼓吹《こすい》しておく必要があるとした。この点は、それ以前の論考には明確にはみられなかった主張である。

それでは、子ども時代に「準備」として行う歴史教育では、どのような点が特に重視されなければならないのであろうか。

柳田は、「世の中が今や著しく変化して居るといふ点」を「教授要項の一部を省略してでも、教へ込んで置くべきだ」と主張する。このため「ひたすらに国が大昔のままであることのみを高調しようとする」歴史教育を排し、変化に注目して歴史を教えてゆくことを強調した。

つまり「現在の生活諸相」には、社会的な問題に解決の糸口を与える事柄が含まれているので、第一に、「いつの頃から斯うであるか」という変化の過程を探究することを通じて、諸々の変化や改善の経過を知り、第二に「何れが喜ばしい変化であり、何が其反対であるか」を見極める力を身につけて、何を改め、何を引き継ぐべきかを明確にする必要があるとした。そうでなければ、今後進むべき方向の予測が立たないからである。

それゆえ「現在の生活諸相」を解説する歴史によって、「時代といふものの観念」を獲得し、子どもたちが真に必要な変化を識別する力を培うことを強調した。これこそが、将来、「憲政に参加する」国民として子どもたちが歴史を学ぶ意義であった。この意味で、歴史教育では、変化の過程を学ぶことが特に重視される。

柳田は、「過去を現代と繋ぎつける方法」を挙げて、「個々の変化した事物」を「順序立てゝ話して聴かせる」ならば、子どもは「永く記憶し、又行く行くは類推を以て、自分でも尋ねて知るやうになる」と述べている。子どもの身辺（＝現在）と彼らが学ぶべき歴史（＝過去）とをつなぎつけ、何らかの形で順序立てて教えることが「史心」の養成に必要であると考えていたことがわかる。

子どもたちは、変化に注目して歴史を学ぶ過程で、「何故にさう変ったのかといふ疑問」を持つようになる。しかし子どもの疑問には即答できぬ場合もある。そのような時に、〝原因は必ず過去の歴史の中にあるのだから、いつか必ず解明される〟という「希望」のもとに、疑問を持ち続けてゆく態度（＝持続的な探究心）を養うこともまた歴史教育の仕事であるとした。

子どものための「史心」養成

柳田は、疑問を持ちながら歴史を学ぶことは、「歴史を専門の職業とせぬ多数人を、殆と無準備に世の中へ送り出すやうな状態から、連れ戻す方策」であると考えていた。彼が「史心」の養成を早期から行うべきであると主張したのは、時期を逸して、子どもたちが「甚だあきらめのよい人」「批判の少ない人」「いつの頃から斯うであるのかを、知らぬばかりか訝《いぶか》ろうとせぬ者」になることを懸念したからである。

そうなってしまう前に「史心」の養成を開始して身辺の問題に気づかせ、歴史を手がかりにして問題を考え続ける習慣を育成してゆこうとしたのである。そして歴史の変化を通して「根本の大きな法則」を学んだ子どもたちが、「正しい生存の途《みち》」を「人の説示に依らずとも自力でめいめいが覚り得ること」を「新たなる共同生活の為の大切なる要件」であると位置づけていた。

このように、柳田が、子どものための「史心」の養成に関心を寄せたことは、何を意味するものであろうか。かつて「郷土研究と郷土教育」（一九三三）では、教師は、「少年少女の無意識の要求」「率直なる質疑」「是から大きくなって行かうとする者の不可解」に答える任務を「父兄と社会とから委任せられて居る」と述べていた。この場合、「郷土研究」は、子どもの発する疑問に答えてゆくために必要な教師の準備作業だとみなされていた。また、「実験の史学」（一九三五）でも「幼童」の質問の重要性を指摘しており、『青年と学問』以降、しだいに子どもの発する疑問を重視するようになってきたことが推察できる。

おそらくはその過程で、単に子どもの疑問に注意するだけでなく、彼らの「率直なる質疑」を抽《ひ》き出して、社会的な問題を見い出す能力を伸ばしてやるというような、教師側からのはたらきかけや配慮の重要性を認識することになったのである。「歴史教育の話」では、具体的に何を教えるかということについてあまり言及していないが、柳田は、次に述べる子ども向けの「史心」養成の教材を読み物として積極的に提供する試みを行っている。

③「史心」養成の教材

疎開児童への呼びかけ

柳田は、『子ども風土記』（一九四一）、『火の昔』（一九四三）、『村のすがた』（一九四四～四五）、『村と学童』（一九四五）などの子ども向け読み物を書き続け、じかに子どもたちに語りかけをはじめる。特に『村と学童』の諸編（「母の手鞠唄《てまりうた》」、「親棄山《おやすて》」、「マハツブの話」、「三角は飛ぶ」、「三度の食事」、「棒の歴史」）は、一九四四年末から四五年初頭にかけて、疎開児童を念頭に執筆したものである。柳田は、小学校の五六年生を読者に想定し、次のように言う。

国民古来の歴史から考へても、人が一人前の日本人と成る為に、是は最も重要な年齢であった。昔の言葉でも『物心がつく』と謂《い》って、一々傍《かたわら》から斯く思へ、斯く感ずべしと勧めなくとも、独りで段々と観察し又理解して、それから得たものを以て一生の体験を養ひ立てる時期なのである。

子どもが観察や理解によって自力で「一生の体験を養ひ立てる」ことは、「史心」の発達の基礎になる重要な活動である。それを読み物の提供によって手助けしようというのが柳田のねらいであった。このため原稿を書くたびに、当時成城学園初等学校の教師であった柴田勝に、子どもたちに理解できる内容であるかどうかの査閲《さえつ》を依頼していたことが、彼の日記（『炭焼日記』）に明記されている。

以下、『村と学童』から、柳田の主張が端的にあらわれている部分に注目し、「史心」概念との関連をみておきたい。柳田は、疎開によって親元を離れ、未知の土地で暮らさなければならない子どもたちに対して、それを自分の生まれ故郷以外の土地の生活を知るための積極的な機会へと活用しようではないかと提案する。そして子どもたちに次のように語りかけている。

今まで何処でもこの通りと考へて居たことが、めったによそでは出逢はぬことだったり、又はその反対に爰《ここ》ばかりと思ふことが、遠く離れた多くの土地にもあって、愈々《いよいよ》その由来を究《きわ》めずには居られぬ問題が、幾つと無くこの本の中に含まれて居るからである。世が治まり国が益々栄へて行く際に及んで、この大切な知識を人生の役に立て、又は之を一段と正確なものにして、次の代へ伝へるのも諸君の任務である。

ここには、次代を担う子どもたちへの強い期待がある。

疑問を出発点として

このため生活様式の変遷の歴史を通して、①生活様式を変化させてきた主体が誰であるか、②「常識」として疑わない現在の習慣がかつてはどうだったのか、という話題を提供し、歴史を通じて現在の自分を位置づけさせることをめざしていた。そして自分が歴史や文化を作り、それを後代に伝える立場にあるということを、子どもたちに自覚させようとしたのである。

そこで「何よりも彼ら自らの疑問を以て、発足点としなければならぬ」と述べて、子どもの「注意力と知識力」にはたらきかけ、「今まではただ言葉としてのみ聴いて居た観察とか理解とかいふもの」を「十分に体得させたい」と主張した。その方法としては、「社会と人生とを周囲の事物の間から、覚へていくやうな路を開きたい」と述べている。

柳田は、『村と学童』によって、子どもが身近なことから自分の外側にある世界をみる目を養い、これまでの自分の生活をとらえ直し、異なる土地で生活する人についても考える契機を与えることをめざしていたのである。これは、地方生活者の「協同」を考えさせることにも通じ、「史心」のめざす自分の足元を出発点とした認識の広がりでもある。

柳田によれば、歴史の知識は、「私たちの将来の生活をきめて行く上に、大きな参考になる」ものであった。ただしその知識は、「十分に精確なもので無いと、何かの折には迷ひが起って、動かない判断の根拠にはならぬ」ので、「出来る限り歴史の全体」を知らなければならない。この意味で、単に以前はどうであったかという事実を確かめるだけでなく、それが現在に至るまでにどのような変化をとげたのか、どのような理由や事情のもとで変化したのかという点についても学ぶ必要があるとした。

そして「私たちが知って居りたいと思はなかったばかりに、まだ知らずに居る事柄」が、身近なところに豊富に存在していると述べて、「何か機会があって是は面白いと思ったことから、次へ次へと注意して見る」べきことを強調した。柳田は、「動かない判断の根拠」として歴史を手がかりとするために、すなわち子どもたちが主体的な判断力を培うために、準備として歴史を学ぶ必要があることを訴えたのである。

子どもが歴史を学ぶ意義

子どもたちに歴史を学ぶ意義を説明するために、例えば、「三角は飛ぶ」では、住まいの問題を取り上げている。そこでは、現在の生活を過去における「毎日の改良」の結果とみなし、子どもたちには、親たちの世代や現時点では予測のつかない「危険と不安」を未来において改良する任務があると述べている。このため、生活の歴史を学ぶことを通じて、「どこに親たちの苦心した点が在るか」、「どの部分がまだ十分で無かったか」を考え、そうした観点から適切な判断を下しうる力を「自ら養ふ」ことを要求している。

この意味で、柳田は、歴史を学ぶ目的を未来における生活の改善に置き、衣食住における「何でも無いもの」の改良の歴史の蓄積を通して、子どもたちが「独りで段々と観察し又理解して、それから得たものを以て一生の体験を養ひ立て」てゆくことを、『村と学童』の中心的な主張として打ち出したのである。これは、柳田の歴史教育構想のめざすところでもあり、子ども向け読み物には、「史心」の養成というねらいが反映されていたことがわかる。

この場合、衣食住の歴史を学ぶことは、単に衣食住の変遷を知るにとどまらず、より広汎な社会生活の歴史を学ぶことを意味していた。「三角は飛ぶ」では、屋根の形が時代と共に変化してきた歴史をたどりながら、屋根の形を決定するものが何であるかを考察し、解説する。そして屋根の素材（カヤ、板、瓦）の変化や屋根葺《ぶ》き技術の変化の背後に、社会的経済的な組織の変化（カヤ葺きのためのユイの解体）が同時に存在することにも気づかせようとしていた。

例えば、「日本の屋根の形」がさまざまであることに触発されて、自分の身近な生活をみつめ直し、観察する。そして自分の現在の生活が歴史知識として知った過去の生活とつながっていることに驚きを感じ、歴史というものが現在に続く変遷の過程であることを漠然と認識する。屋根の変化からは、歴史の変化を方向づけてきたものが人々の選択であることを知る。すなわち人間の社会生活や生活文化に関する知識欲が刺激されて、現在の自分が歴史と無関係に存在するものではないこと、また自分も含めた現在の人間が過去からの変遷を引き継いで歴史を作っていること、を自覚するのである。こうして子どもの関心は、衣食住の歴史を媒介として、自分の身近な家族や地域の生活から、時代を異にする地域社会の人々や同時代の他地域の人々の生活へと広がることになる。これが読み物を通して実現しようとした歴史的な認識能力の発達（＝「史心」の発達）である。

すでに『明治大正史　世相篇』（一九三一）で述べていたように、衣食住という「出来るだけ多数の者が、一様に且容易に実験し得る」共同の問題を通じて歴史の変化を実感することは、「国民としての我々の生き方が、どう変化したかの問題」を解明することにつながる。したがって、子ども向け読み物は、柳田が「歴史教育の話」（一九四〇）で主張したこと（子どものうちから「史心」を養わなければならない）を直接子どもたちに語りかけるために、特に用意された教材であったといえる。当時の柳田は、未来の大人の主体形成にも強い関心を寄せていたのである。

おわりに

柳田が子ども向け読み物を執筆したことは、戦前のうちから人々の生活の歴史を子どもに「史心」を養成するための具体的な教材として考え、子どものうちから「史心」の養成をはじめることを目的としていたことを示すものである。柳田は、歴史を学んで過去の失敗を改め、現在の問題を解決し、未来の進路を計画することを実現するために、子どもたちに「史心」を培う歴史教育に大きな期待をかけていた。

このため戦後は、国語教育と社会科教育の方面から戦前の学校教育に欠けていたもの——判断力や思考力、表現力など主体的な諸力——を培うことを通して、自立的な判断のできる人間の育成をめざしていたと考えられる。柳田は、ことばの発達と「史心」の発達とが不可分の関係にあることに注目していたのである。

それゆえ戦後は、国語教育と社会科教育に共に関与して、「考へる言葉」と「史心」を育てるべきことを主張してゆくのである。そして戦後の新しい社会を作り出していくためには、主体的な能力を具えた個人を数多く育成することが何よりも必要になるとして、子どもたちに大きな期待をかけていた。

そこで、第一に国語教育で根本的な国語能力である「考へる言葉」を育成し、相互に自分の考えていることを表現する力を養って、誰もが言論の自由を保障されるべきことを主張した。第二に、社会科教育で主体的な思考力や判断力を基礎づける「史心」を養成し、歴史を通して自分の位置や周囲との関係を認識する力を培って、新しい社会組織を支える協同を創出すべきことを主張した。

柳田がとりわけ社会科教育に深く関わってゆくのは、新しい社会制度・社会組織を実現するためには、まず第一に新しい社会倫理（＝自立と協同）が必要になると考えて、自立した個人の相互に対等な協同を作り出すことをめざしていたからである。

そこで柳田は、教師による自主的な教育実践を支援するために、社会科の教材作りへの協力を経て教科書を作成し、教育内容の面から教育実践に関わることになる。当時は、社会科教科書だけでなく国語教科書の編纂にも関わっていたが、こうした関与の仕方は、それ以前に比べると、国民の教育＝主体形成への課題意識がより積極的なものになったことを意味するものである。

初出一覧

第一章　教育への関心
『柳田國男における「学問」の展開と教育観の形成』（風間書房、一九九五年）の「第二章「学問」の形成と展開」および「第三章 教育の習俗研究と「前代教育」」をもとに、大幅に書き改めた。

第二章　国語教育の構想
『柳田國男における「学問」の展開と教育観の形成』（風間書房、一九九五年）の「第五章「国語教育」構想と国語史研究」および「第七章 戦後における教育改革構想―国語教育と社会科教育―」の国語教育に関する部分をもとに、大幅に書き改めた。

第三章　社会科教育の構想
『柳田國男における「学問」の展開と教育観の形成』（風間書房、一九九五年）の「第七章 戦後における教育改革構想―国語教育と社会科教育―」の社会科教育に関する部分と「第四章「歴史教育」構想と「郷土研究」」の子ども向け読み物に関する部分をもとに、大幅に書き改めた。

むすびにかえて

塙書房の寺島正行さんから、「柳田國男と教育に関する内容で一般向けの本を書きませんか」とお手紙をいただいたのは、二〇一〇年二月のことだった。『柳田國男における「学問」の展開と教育観の形成』（風間書房、一九九五年刊）に目を通してくださったとうかがい、恐縮した。寺島さんは、「柳田國男の教育構想を紹介する内容で読みやすい本を出す価値はあります」と本書刊行を強く勧めてくださった。

前著は、文部省科研費「研究成果公開促進費」の助成を受けて学位論文をまとめ直したものなので、正直なところ、分量が多くて読みにくいところがある。私としては、柳田國男の学問の展開過程と教育観の形成過程を関連づけて論じることにより、新たな柳田像を提示したつもりであったが、教育論として読もうとすると、学問に言及した引用部分が煩瑣となり、読みづらいことも事実だった。

また、出版助成の研究書という性格から、発行部数も少なく価格も高いので、大学図書館が購入してくれた以外は、柳田國男研究者など、ごく限られた読者にしか読まれていないものと思われる。だから一般向けに書くという企画は、魅力的であった。しかも刊行時期がちょうど柳田國男没後五十年にあたるということも、柳田研究に携わる者としては魅力的であった。前著を基にわかりやすく書き改めるという方向で、私は、寺島さんからいただいたお話をありがたくお引き受けすることにした。

二〇〇七年度に「柳田國男の遺産――教育との関わりで――」というテーマで、一般向けのセミナーの講師を務める機会があったが、この時の経験が本書の構成を考える時に参考となった。柳田と教育の関係や彼の教育構想についてわかりやすく話すために、ポイントを整理して説明したり、引用文を整理した配布資料を準備したり、いくつか工夫を試みた。この時、国語教育と社会科教育について、戦後から戦前にさかのぼって説明してみたのだが、この方が、時系列に沿って説明するよりもわかりやすかったので、本書第三章ではこの方法を採用している。

現行学習指導要領では、あらゆる教科において「言語活動の充実」が重視されている。子どもたちを聴く・話す・読む・書く・考えるということばの機能を駆使できる「言葉の使い手」に育てるには、柳田の国語教育構想が示唆を与えるのではないか。柳田は、「教育方法としての言語」の機能に注目していたからこそ、戦前から方言と標準語の問題にも強い関心を寄せていた。現行学習指導要領は、国語教育に限らずあらゆる教科において「言語活動の充実」を図ろうとするものであるが、その基盤には、国語教育を通して相手のことばを聴き分ける力や「覚えた言葉」で思い考える力を育てることが不可欠となってくる。

また現行学習指導要領では、引き続き「総合的な学習の時間」が残されたが、柳田の社会科教育構想は、子どもたちが調べ学習を行う際に方法論としても活用できる。身近な生活の中から問題を見つけ、「以前はどうだったのか」と歴史的に問うことを通して問題解決の手がかりを得るという方法は、「史心」の養成にも通じるものである。生活史を通して自律的な思考力・判断力を身につけ、自らも歴史を形成する者であると自覚することによって「正しい選択」を行うことは、未来における社会の担い手である子どもたちにとって必須のスキルである。

本書を執筆中の二〇一一年一一月一九日に、奈良女子大学・大学院での恩師山田昇先生が急逝した。常々、山田先生のおかげで現在の私があると思っていたので、精神的にかなり衝撃を受けた。山田先生には、ついに本書のことを報告することができなかったが、柳田國男の教育構想を一般向けに解説するという本書の計画にはきっと賛同してくださったと思う。本書を山田昇先生に捧げたい。

二〇一二年八月

関口　敏美

参考文献

第一章

有泉貞夫「柳田國男考―祖先崇拝と差別―」一九七二『展望』一六二
福冨正実『日本マルクス主義と柳田農政学』一九七八
岩本由輝『柳田國男・民俗学への模索』一九八二
『続柳田國男・民俗学の周縁』一九八三
『論争する柳田國男』一九八五
綱沢満明『日本近代と民俗的原質』一九七六
益田勝実「柳田國男の思想」『現代日本思想体系二九　柳田國男』解説一九六五
山下紘一郎「柳田農政思想の位相とその変遷」後藤総一郎編『共同研究　柳田國男の学問形成』一九七五
東畑精一「農政学者としての柳田國男」『文学』一九六一年一月号
川田　稔『柳田国男の思想史的研究』一九八五
天艸一典「柳田國男　農政学から民俗学への展開―そのイエ認識をめぐって―」一九八四『日本思想史叙説第二集』
「柳田國男　農政学から民俗学への展開―都市と農村の問題をめぐって―」一九八五『季刊日本思想史』二五
藤井隆至「柳田農政学における産業組合の位置―《貨幣経済》社会への再編成」一九七六『思想』六二三
「日露戦後経営期における新学問の胎動―柳田國男の『農村生活誌』―」一九七九『社会思想史研究』三
「柳田民俗学の政治経済学」一九九〇『歴史民俗博物館研究報告』二七
柳田國男『産業組合講習会講習筆記』一九〇五（藤井隆至編『柳田國男農政論集』一九七五（以下『農政論集』と略記）に収録）

柳田國男『農業政策学』一九〇二『専修大学講義録』『定本柳田國男集』（以下、『定本』と略記）二八
『農政学』一九〇二『早稲田大学政治経済科講義録』『定本』二八
「農業経済と村是」一九〇九、第一回地方改良事業講習会講演『定本』一六
『時代ト農政』一九一〇「開白」『定本』一六
「地方の産業組合に関する見聞」一九〇七（『中央農事報』八九～九一『農政論集』に収録）、一
「自治農政」一九〇六（『日本農業雑誌』一〇『農政論集』に収録）
「天草の産業」（談）一九〇八（『斯民』三・8『農政論集』に収録）
『後狩詞記』一九〇九『定本』二七
「九州南部地方の民風」（談）一九〇九（『斯民』四・1『農政論集』に収録）
『石神問答』一九一〇『定本』一二
「塚と森の話」一九一二（『斯民』六・7～七・2）『定本』一二
「編輯室より」一九一四（『郷土研究』二・5）『定本』三〇
「小さな峠の上から」一九一六（『郷土研究』三・5）『定本』二七
『郷土誌論』一九二二『定本』二五
「旅行の話」一九一六～一七『定本』三
「村の年齢を知ること」一九一六（『郷土誌論』一九二二に収録）『定本』二五
『日本農民史』一九二六（『早稲田大学政治経済科講義録』四九・1）『定本』一六
『都市と農村』一九二九（『朝日常識講座六』）『定本』一六
『明治大正史　世相篇』一九三一（『明治大正史四』）『定本』二四
『青年と学問』一九二八『定本』二五
「郷土研究といふこと」一九二五『定本』二五

柳田國男

『郷土生活の研究法』一九三五『定本』二五
「郷土研究と郷土教育」一九三三『定本』二四
「農民教育問題」（草稿）一九〇七（柳田為正他編『柳田国男談話稿』一九八七に収録）
「『郷土研究』の記者に與ふる書後記」一九一四（『郷土研究』二・7）『定本』三〇
「郡誌調査員会に於て」一九一八（『信濃教育』三八一）『定本』二五
「委任統治領における原住民の福祉と発展」一九二二（岩本由輝『もう一つの遠野物語』一九八三に収録）
「東京朝日新聞論説」一九二四～三〇『定本』別一、別二
「義務教育の条件」一九三一（『教育学術界』六三巻四号）
「地方学の新方法」一九二七年社会教育指導者講習会講演『定本』二五
「社会と子ども」一九四一（『岩波講座倫理学七』）『定本』一五
『子ども風土記』一九四一『定本』二一
「親のしつけ」一九三九（『大阪朝日新聞』十月三～五日）『定本』二九
「小児生存権の歴史」一九三五『定本』一五
「昔の国語教育」一九三七（『岩波講座国語教育五』）『定本』一九
「世間話の研究」一九三一『定本』七
「女性生活史」一九四一『定本』三〇
「平凡と非凡」一九三七『定本』二四
「四鳥の別れ」一九四四（大藤ゆき『こやらい』一九四四の序）『定本』二三
「村及び部落に就て」一九三九（『全村学校叢書一』）
「文部大臣の責任」一九二五『定本』別一
「市の教育権の承認」一九二六『定本』別一

柳田・橋浦泰雄『産育習俗語彙』一九三五
飯倉照平編『柳田国男南方熊楠往復書簡』（『南方熊楠選集』別巻一九八五）

第二章

柳田國男「国語史論」一九三四『定本』二九
「委任統治領における原住民の福祉と発展」一九二一（岩本由輝『もう一つの遠野物語』一九八三に収録）
「ジュネーヴの想ひ出」一九四六『定本』三
「国語の管理者」一九二七『定本』二九
「小さき者の声」一九二七（『信濃教育』四九三）『定本』二〇
「シンガラ考」一九二九『定本』二〇
『蝸牛考』一九三〇『定本』一八
「昔の国語教育」一九三七（『岩波講座国語教育五』）『定本』一九
「国語教育への期待」一九三五（初等国語教育研究会講演）『定本』一九
「国語の将来」一九三八『定本』一九
「今日の郷土研究」一九三四『定本』二九
「村荘閑話」一九三四『定本』一九
「教育と国語国策」一九四三『教育』一一
「方言の成立」一九四〇『定本』一九
「子供と言葉」一九三五『定本』二〇
「幼言葉分類の試み二」一九三七『定本』一九
『国語史新語篇』一九三六『定本』一八

柳田國男「新語論」一九三四『定本』一八
「新語餘論」一九三六『定本』一八
「標準語普及案」一九四一『定本』一八
「形容詞の近世史」一九三八『定本』一九
「標準語の話」一九四一『定本』一八
「何をこの本は説いて居るのか」（太田行蔵著『国語教育の現状』一九四一序文）
「『国民学術協会』概要」（国民学術協会編『学術の日本』一九四二収録）
『炭焼日記』一九四四～四五『定本』別四
「喜談日録」一九四六『展望』一～四『定本』二九
「是からの国語教育」一九四六『定本』一八
「国語検定教科書を監修して」一九四九『教育復興』（後藤総一郎監修柳田国男研究会編著『柳田国男伝』一九八八に収録）
「『新しい国語』にふれて」（一九五〇年二月東京書籍主催の講演会、後藤総一郎監修柳田国男研究会編著『柳田国男伝』一九八八に収録）

第三章
柳田國男「史学興隆の機会」一九四六（『時事新報』一九四六年八月一五日）『定本』三一
「歴史教育の使命―くにのあゆみに寄す―」一九四六（『毎日新聞』一九四六年一〇月、長浜功編『柳田國男教育論集』一九八三に収録）
「歴史を教へる新提案」一九四七（『教育文化』六・2、3）『定本』三一
「民俗学研究所の成立ち」一九四七（『民間伝承』十一・6、7）

柳田國男「社会科のこと」一九四八（『民間伝承』十二・1）『定本』一三
「社会科教育と民間伝承」一九四八（『民間伝承』十二・7）『定本』二九
『青年と学問』一九二八『定本』二五
「史学と世相解説」一九三五『定本』二四
「歴史教育の話」一九四〇『定本』二四
『村と学童』一九四五『定本』二一
『先祖の話』一九四六『定本』一〇
「新教育についての断想」一九四八（『教育復興』一・4）
「現代科学といふこと」一九四七（「民俗学新講」）『定本』三一
「編纂の趣旨」『民俗学辞典』一九五二
「序」『民俗学辞典』一九五二
「先生と父兄の方へ」（六年用）『日本の社会』一九五四
柴田　勝「柳田先生と教育」一九六三『定本』月報二四
成城学園初等学校・日本民俗学研究所賛助『社会科単元と内容』一九五一
成城学園初等学校社会科研究部編「第五学年社会科研究書　日本という国」一九五一
「第六学年社会科単元　人の一生」一九五一
「第四学年社会科単元　すまい、あかり、ねんりょう」一九五二
成城学園初等学校『Curriculum　低学年用』一九五〇
『Curriculum　中学年用』一九五一
『Curriculum　高学年用』一九五二
成城教育研究所編『社会科の新構想　柳田國男先生談話』一九四七

民俗学研究所編『社会科の諸問題』一九四九（長浜功編『柳田國男教育論集』一九八三に収録）
民間伝承の会『民間伝承』復刻版（一九四七～一九五二のもの）
復刻版　『日本の社会』
　　　　『柳田國男小学校社会科教科書「日本の社会」別冊資料改題』一九八五
　　　　『社会科教育法』一九五三
　　　　『学習指導の手引き』一九五四

関口敏美（せきぐち・としみ）

奈良女子大学文学部卒業。同大学大学院文学研究科（修士課程）修了。同大学院人間文化研究科（博士課程）単位取得退学。

大谷大学特別研修員、同大学短期大学部専任講師、同大学文学部准教授を経て、現在同大学文学部教授。

博士（学術、奈良女子大学）。専攻は、教育学・教育史、特に近代日本の教育史研究。

〔主要著書〕

『柳田國男における「学問」の展開と教育観の形成』（風間書房、一九九五年）

〔塙選書114〕

柳《やなぎ》田《た》國《くに》男《お》の教《きょう》育《いく》構《こう》想《そう》　国語教育・社会科教育への情熱

二〇一二年一一月一日　初版第一刷

著者――関口敏美
発行者――白石タイ
発行所――株式会社塙書房
〒113-0033　東京都文京区本郷6-8-16
電話＝03-3812-5821　振替＝00100-6-8782
印刷・製本所――シナノ印刷・弘伸製本
装丁者――中山銀士（協力＝金子暁仁）

落丁・乱丁本はお取り替えいたします。定価はカヴァーに表示してあります。

 ISBN978-4-8273-3114-1 C1321